TASCHEN
LEXIKON
DER NATUR

TASCHEN LEXIKON DER NATUR

Ravensburger

Bibliografische Information der Deutschen Nationalbibliothek:
Die Deutsche Nationalbibliothek verzeichnet diese Publikation in der
Deutschen Nationalbibliografie. Detaillierte bibliografische Daten sind im
Internet unter http://dnb.de abrufbar.

5 4 3 2 1   E D C B A

© 2020 Ravensburger Verlag GmbH
Postfach 24 60, 88194 Ravensburg

Alle Rechte, auch die des auszugsweisen Nachdrucks, der fotomechanischen
Wiedergabe und der Übersetzung vorbehalten.

Text: Dr. Johanna Prinz
Umschlaggestaltung: Maria Seidel, atelier-seidel.de

ISBN 978-3-473-55469-0

www.ravensburger.de

Inhalt

Willkommen im Taschenlexikon der Natur!	6
So benutzt du dieses Buch	8
Lexikon der Wildblumen	**10**
Lexikon der Bäume und Sträucher	**102**
Lexikon der Pilze	**188**
Lexikon der Tiere	**220**
Säugetiere	222
Vögel	272
Insekten	374
Spinnentiere	432
Reptilien	446
Amphibien	462
Weichtiere und Würmer	480
Das kannst du tun	498
Worterklärungen	504
Register	506

Willkommen im Taschenlexikon der Natur!

Bist du schon mal in einen Regenschauer geraten und so richtig nass geworden? Oder hast du schon mal im Herbst unter einem Baum gestanden, von dem bunte Blätter heruntergesegelt sind? Vielleicht hast du aber auch ein seltsames Insekt an einer Blume entdeckt und dich gefragt, was das wohl ist.

Die Natur ist überall um uns herum. Sie besteht nicht nur aus Tieren, Pflanzen und Steinen, sondern auch aus Wasser und Luft. Was in der Natur alles vor sich geht, erfahren wir, wenn wir die Augen offen halten und beobachten, was sich im Laufe eines Jahres verändert. Auch Wind und Wetter tragen dazu bei, dass wir immer wieder neue Dinge entdecken.

Raus geht's!

Schnapp dir ein Notizbuch und einen Stift. Pack etwas zu essen und zu trinken ein. Und dann los! Streife durch die Natur in deiner Umgebung und erforsche Gärten, Parks und Waldwege. Geh dabei aber nie alleine los und sage immer einem Erwachsenen Bescheid, wo du hin willst und wann du voraussichtlich zurück sein wirst.

Ihr habt gar keinen Garten? Das macht nichts. Denn die Natur kann man auch auf dem heimischen Balkon entdecken oder sogar auf einem ganz normalen Gehweg. Es kommt nur darauf an, genau hinzuschauen. Viel Spaß!

So benutzt du dieses Buch

Hast du schon mal ein Tier oder eine Pflanze gesehen und wusstest nicht, wie der Name lautet? Vielleicht findest du die Antwort ja in diesem Buch. Hier sind ein paar Tipps für Naturentdecker.

Wildblumen
Die Wildblumen in diesem Buch sind nach Blütenfarbe sortiert. Hast du eine weiß blühende Pflanze entdeckt und suchst sie im Buch, schau im Kapitel der weißen Pflanzen nach. Achte auch auf die Höhe der Pflanze und die Form der Blätter.

Bäume
Die Baumkrone gibt einen guten Hinweis darauf, um welchen Baum es sich handelt. Auch die Form der Blätter ist charakteristisch. Einige Bäume haben Blätter mit gerundeten Kanten, andere haben Blattformen mit vielen Spitzen. Bei wieder anderen Bäumen wachsen viele kleine Blätter an einem gemeinsamen Stängel.

Tiere
Bei kleinen, krabbelnden Tieren lohnt es sich, die Beine zu zählen. Tiere mit sechs Beinen sind Insekten. Hat ein Krabbeltier acht Beine, gehört es zu den Spinnentieren. Schau dann im entsprechenden Kapitel nach.

Gefährdung
Auf der sogenannten „Roten Liste" steht, ob ein Tier oder eine Pflanze häufig vorkommt oder sehr selten ist. Die Angaben in diesem Buch beziehen sich auf die weltweite Situation. Einige Arten sind bei uns vom Aussterben bedroht, aber weltweit nicht gefährdet.

Du verstehst nur Latein?
Damit Forscher weltweit über Tiere und Pflanzen sprechen können, die in verschiedenen Sprachen unterschiedlich heißen, hat jede Art einen lateinischen Namen. Schau mal oben auf die Seiten. Dort steht die Bezeichnung, die weltweit jeder benutzen kann. Außerdem findest du dort die wissenschaftliche Ordnung und Familie der Arten.

Auf den folgenden Seiten findest du kurze Infos und
die wichtigsten Merkmale von Tieren und Pflanzen aus
der ganzen Welt.

Einteilung
Die oberste Kategorie gibt die systematische
Ordnung an, die untere die Familie.

Deutscher Name
den sagt man meistens

Lateinischer Name (kursiv)
den benutzen Wissenschaftler

Weiße Lichtnelke *Silene latifolia*

Ordnung: Nelkenartige
Familie: Nelkengewächse

Blüte	Juni bis September
Höhe	bis 120 cm
Blätter	lang, gegenständig
Standort	Wegränder, Schutt

Die Weiße Lichtnelke hat besonders tief reichende Wurzeln,
die sich bis zu 60 Zentimeter in den Boden hinab bohren können.
Die weißen Blüten öffnen sich erst abends, duften dann aber
ganz besonders stark. Dadurch locken sie viele Nachtfalter an,
die den Pollen von Pflanze zu Pflanze tragen und dadurch die
Blüten bestäuben.

GEFÄHRDUNG — nicht gefährdet

Steckbrief
Fakten über Aussehen,
Verbreitung und Lebensweise

Kartenfarbe
Jedes Kapitel dieses Buches
wird durch eine eigene Farbe
markiert.

Gefährdung
gibt Auskunft über die Zahl der
weltweit noch lebenden Tiere.
Grundlage ist die Internationale
Rote Liste bedrohter Tier- und
Pflanzenarten.

Wildblumen

Was sind Wildblumen?

Pflanzen, die gut sichtbare und manchmal sehr bunte Blüten tragen, nennt man Blumen. Wildblumen sind Pflanzen, die bei uns heimisch sind und wild wachsen – also ohne dass jemand sie gepflanzt hat.

Wildblumen bestehen aus einem Stängel mit Blüten und Blättern. Sie wachsen aus der Wurzel heraus, über die sie Nährstoffe aus dem Boden aufnehmen.

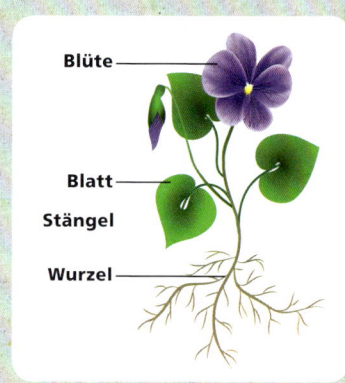

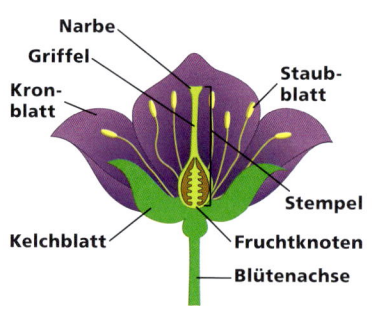

Viele Wildblumenblüten bestehen aus Kelchblättern, über denen die bunten Kronblätter wachsen. Im Innern der Blüte stehen die fadenförmigen Staubblätter, an deren verdicktem Ende der Pollen gebildet wird. Der Stempel in der Blütenmitte besteht aus dem Fruchtknoten, dem langen Griffel und der Narbe.

Eine Blüte kann sich nur in eine Frucht verwandeln, wenn sie bestäubt wird. Dazu muss etwas von dem Pollen auf die Narbe gelangen. Erst dann wächst eine Erdbeere oder ein Apfel.
Viele Pflanzen benötigen dafür den Pollen einer anderen Pflanze. Aus diesem Grund sind die Blütenblätter so bunt. Sie locken Insekten an, die an der Blüte Nektar trinken, beim Weiterflug etwas Pollen mitnehmen und diesen an der nächsten Pflanze abstreifen.

Blumen erkennen

Wildblumen unterscheidet man anhand ihrer Blütenstände, der Blattform oder daran, wie die Blätter am Stängel angeordnet sind. Wenn du die unterschiedlichen Blattformen kennenlernen willst, kannst du das auf Seite 105 tun. Die verschiedenen Blütenstände und Blattstellung werden hier erklärt.

Blütenstände

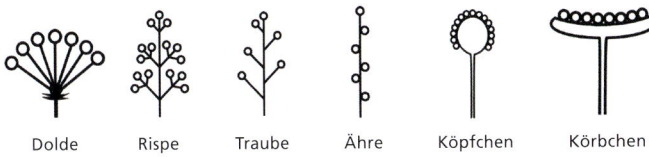

Dolde · Rispe · Traube · Ähre · Köpfchen · Körbchen

Blattstellung

gegenständig · wechselständig · quirlständig · gekreuzt

Achtung giftig! Einige Wildblumen sind essbar oder gelten als Heilpflanzen. Trotzdem solltest du keine Pflanzen pflücken oder gar essen, ohne dass ein Erwachsener dabei ist! Denn manche Pflanzen verursachen auch Hautausschläge oder Vergiftungen.

Vogel-Sternmiere *Stellaria media*

Ordnung: Nelkenartige
Familie: Nelkengewächse

Blüte	fast ganzjährig
Höhe	bis 40 cm, wächst rasenförmig
Blätter	eiförmig, gegenständig
Standort	Wegränder, Gärten, Äcker

Der Name der Pflanze stammt von der sternförmigen Form ihrer Blüten und daher, dass sie als Nahrung für Käfigvögel geeignet ist. Am sichersten erkennt man sie an der dünnen Linie aus Haaren, die gerade am Stängel entlang wächst. Hier sammeln sich morgens Tautropfen, die an der Haarlinie entlang zu den Blättern fließen.

GEFÄHRDUNG — nicht gefährdet

Ackerhornkraut *Cerastium arvense*

Ordnung: Nelkenartige
Familie: Nelkengewächse

Blüte	April bis August
Höhe	bis 30 cm
Blätter	lineal-lanzettlich, kreuzgegenständig
Standort	Wegränder, Wiesen, Schutt

Die Pflanze trägt häufig Haare, die in verschiedene Richtungen wachsen: Die Haare der Blätter wachsen nach oben, die am Stängel nach unten. Jedes Blatt umschließt den Stängel zur Hälfte und steht einem anderen Blatt gegenüber. Die Pflanze ist eine beliebte Gartenpflanze – obwohl ihre Blüten bei Regen geschlossen bleiben.

GEFÄHRDUNG — nicht gefährdet

Gewöhnliches Seifenkraut
Saponaria officinalis

Ordnung: Nelkenartige
Familie: Nelkengewächse

Blüte	April bis August
Höhe	bis 30 cm
Blätter	lineal-lanzettlich, kreuzgegenständig
Standort	Wegränder, Wiesen, Schutt

Diese Pflanze wächst als Staude und hat weiße bis zartrosa Blüten. Früher wurde zerriebenes Seifenkraut mit Wasser vermischt und zum Wäschewaschen benutzt. Die Saponine in den Blättern sorgen dafür, dass sich ein dichter Schaum bildet. Die Pflanze eignet sich aber auch als Medikament. Moderne Labore stellen aus ihr Schleimlöser her.

GEFÄHRDUNG — nicht gefährdet

Weiße Lichtnelke *Silene latifolia*

Ordnung: Nelkenartige
Familie: Nelkengewächse

Blüte	Juni bis September
Höhe	bis 120 cm
Blätter	lang, gegenständig
Standort	Wegränder, Schutt

Die Weiße Lichtnelke hat besonders tief reichende Wurzeln, die sich bis zu 60 Zentimeter in den Boden hinab bohren können. Die weißen Blüten öffnen sich erst abends, duften dann aber ganz besonders stark. Dadurch locken sie viele Nachtfalter an, die den Pollen von Pflanze zu Pflanze tragen und dadurch die Blüten bestäuben.

GEFÄHRDUNG — nicht gefährdet

Gemeiner Buchweizen
Fagopyrum esculentum

Ordnung: Nelkenartige
Familie: Knöterichgewächse

Blüte	Juni bis August
Höhe	bis 60 cm
Blätter	pfeilförmig, wechselständig
Standort	Wegränder, Schutt

Trotz seines Namens ist der Gemeine Buchweizen nicht näher mit dem Getreideweizen verwandt. Seine winzigen Nüsschen sind allerdings trotzdem essbar und ihretwegen wird die Pflanze auch angebaut. Ihr Nektar besteht fast zur Hälfte aus Zucker und ist daher bei Bienen sehr beliebt. Buchweizen stammt ursprünglich aus Asien.

GEFÄHRDUNG — nicht gefährdet

Echte Brunnenkresse
Nasturtium officinale

Ordnung: Kreuzblütlerartige
Familie: Kreuzblütler

Blüte	Mai bis Juli
Höhe	bis 90 cm
Blätter	gefiedert, unpaarig
Standort	Gewässer, Sümpfe

Brunnenkresse wächst im Wasser und bevorzugt langsam fließende Gewässer. Ihre Blätter enthalten ähnliche Bestandteile wie die von Senf und sind essbar. Früher sammelte man die Stängel von wild wachsenden Pflanzen, später gab es richtige Anbaugebiete. Die Brunnenkresse-Zucht ist heute selten, weil die Pflanze sehr sauberes Wasser braucht.

GEFÄHRDUNG — nicht gefährdet

Knoblauchhederich *Alliaria petiolata*

Ordnung: Kreuzblütlerartige
Familie: Kreuzblütler

Blüte	April bis Juli
Höhe	bis 100 cm
Blätter	nierenförmig, wechselständig
Standort	Laubwälder, Hecken, Wegränder

Seinen Namen bekam der Knoblauchhederich, weil seine Blätter einen knoblauchartigen Geruch verströmen. Sie können aber noch mehr: Die unteren Blätter der Pflanze sind besonders groß, die oberen kleiner. So nehmen sie sich gegenseitig nicht das Sonnenlicht weg. Knoblauchhederich heißt auch Knoblauchrauke und ist – genau wie Salat-Rauke – essbar.

GEFÄHRDUNG   nicht gefährdet

Walderdbeere *Fragaria vesca*

Ordnung: Rosenartige
Familie: Rosengewächse

Blüte	April bis Juni
Höhe	bis 25 cm
Blätter	eiförmig, grundständig
Standort	Lichtungen, Waldränder

Walderdbeeren wachsen niedrig und sehr dicht am Boden entlang. Sie vermehren sich nicht nur durch die Samen ihrer Früchte, sondern auch durch lange Ausläufer. Solche Triebe tragen schon winzige Pflänzchen, die in einiger Entfernung von der Mutterpflanze festwachsen. Walderdbeeren sind Rosengewächse und verwandt mit Rosen, Apfelbäumen und Himbeeren.

GEFÄHRDUNG nicht gefährdet

Giersch *Aegopodium podagraria*

Ordnung: Doldenblütlerartige
Familie: Doldenblütler

Blüte	Juni und Juli
Höhe	bis 100 cm
Blätter	eiförmig-länglich, wechselständig
Standort	Gärten, Wälder

In vielen Gärten ist der Giersch gar nicht gern gesehen. Denn er vermehrt sich über unterirdische Triebe und kommt an immer neuen Stellen zur Oberfläche. Doch die Pflanze ist auch nützlich. Sie kann als Salat oder gekocht verzehrt werden und schmeckt ein bisschen nach Petersilie. Aber Achtung: Giersch ist leicht mit dem giftigen Schierling zu verwechseln!

GEFÄHRDUNG nicht gefährdet

Gefleckter Schierling *Conium maculatum*

Ordnung: Doldenblütlerartige
Familie: Doldenblütler

Blüte	Juli bis September
Höhe	bis 200 cm
Blätter	mehrfach gefiedert, wechselständig
Standort	Straßenränder, Schutt

Die weißen Blüten des Schierlings wachsen in dichten Dolden. Die Pflanze ist, genau wie einige andere Vertreter der Doldenblütler, hochgiftig. Ein wichtiger Hinweis, dass man es mit dem Gefleckten Schierling zu tun hat, sind die roten Flecken am Stängel. Viele Landwirte bekämpfen ihn auf ihren Wiesen, weil sich Kühe an ihm vergiften können.

GEFÄHRDUNG — nicht gefährdet

Wiesenbärenklau *Heracleum sphondylium*

Ordnung: Doldenblütlerartige
Familie: Doldenblütler

Blüte	Juni bis September
Höhe	bis 150 cm
Blätter	fiederschnittig
Standort	Auenwälder, Wiesen

Die Blätter des Bärenklaus sind fototoxisch. Das bedeutet, dass bestimmte Stoffe der Blätter in Verbindung mit Sonnenlicht giftig wirken. Pflanzensaft auf der Haut lässt an sonnigen Tagen Verbrennungen entstehen: Die Haut wird durch ihn besonders lichtempfindlich und bekommt Blasen. Nach ein paar Tagen ist der Spuk zum Glück vorbei.

GEFÄHRDUNG — nicht gefährdet

Wiesenkerbel *Anthriscus sylvestris*

Ordnung: Doldenblütlerartige
Familie: Doldenblütler

Blüte	April bis Juli
Höhe	bis 50 cm
Blätter	mehrfach gefiedert
Standort	Wiesen, Waldränder

Wo viel Dünger in den Boden gelangt, findet man häufig auch den Wiesenkerbel. Er kann als Gewürz genutzt werden, sieht aber dem giftigen Gefleckten Schierling so ähnlich, dass man beim Sammeln vorsichtig sein sollte. Tiere, die den Wiesenkerbel fressen, verbreiten ihn mit ihrem Dung, indem sie die Samen anderswo wieder ausscheiden.

GEFÄHRDUNG — nicht gefährdet

Wilde Möhre *Daucus carota*

Ordnung: Doldenblütlerartige
Familie: Doldenblütler

Blüte	Mai bis September
Höhe	bis 110 cm
Blätter	mehrfach gefiedert
Standort	Wiesen

Die helle Wurzel der Wilden Möhre reicht tief in die Erde hinein und ist essbar. Wenn die Pflanze blüht, stehen viele weiße Blüten in Dolden zusammen, in deren Mitte eine einzelne schwarze Blüte wächst. Das sieht von Weitem so aus, als säße dort ein Insekt – was wiederum echte Insekten anlockt, welche die Blüte dann bestäuben.

GEFÄHRDUNG — nicht gefährdet

Waldmeister *Galium odoratum*

Ordnung: Enzianartige
Familie: Rötegewächse

Blüte	April bis Juni
Höhe	50 cm
Blätter	länglich-lanzettlich
Standort	Wälder

Ein Erkennungsmerkmal des Waldmeisters sind seine Blattquirle: Mehrere Blätter wachsen an derselben Stelle aus dem viereckigen Stängel heraus. Der typische Waldmeistergeruch kennzeichnet die Pflanze zusätzlich. In der alten Volksmedizin wurde Waldmeister gegen viele verschiedene Krankheiten eingesetzt. Heute macht man aus ihm Bowle oder Sirup.

GEFÄHRDUNG — nicht gefährdet

Echte Kamille *Matricaria chamomilla*

Ordnung: Asternartige
Familie: Korbblütler

Blüte	Mai bis Juli
Höhe	bis 50 cm
Blätter	fiederteilig
Standort	Äcker, Wiesen

Kamillentee wirkt gegen einen verdorbenen Magen, aber auch gegen große Aufregung. Das liegt am Kamillenöl, das der Pflanze ihren typischen Geruch verleiht. Die Echte Kamille gehört zu den Korbblütlern. Der Korb besteht aus zahlreichen, sehr schmalen gelben Blüten. Er ist hohl und wölbt sich während des Wachstums hoch nach oben.

GEFÄHRDUNG — nicht gefährdet

Margerite *Leucanthemum vulgare*

Ordnung: Asternartige
Familie: Korbblütler

Blüte	Juni bis September
Höhe	bis 60 cm
Blätter	lanzettlich
Standort	Wiesen, Wegränder

Wie bei anderen Korbblütlern auch, besteht der Korb der Margerite aus mehr als 300 gelben Röhrenblüten. Darum herum wachsen bis zu 25 weiße Zungenblüten. Man findet die Margerite nicht nur wild wachsend auf Wiesen, sondern auch als Zierpflanze in Balkonkübeln. Sie blüht sehr lange und lockt während dieser Zeit zahlreiche Insekten durch ihren Nektar an.

GEFÄHRDUNG — nicht gefährdet

Gänseblümchen *Bellis perennis*

Ordnung: Asternartige
Familie: Korbblütler

Blüte	März bis November
Höhe	bis 15 cm
Blätter	spatelförmig
Standort	Wiesen, Gärten, Parks

Aus Gänseblümchen kann man Salat machen. Am besten schmecken die Blüten, wenn sie erst halb offen sind. Auch die jungen Blätter, die in der Mitte der Blattrosette wachsen – dem Stängel also am nächsten sind –, sind essbar. Das Gänseblümchen ist häufig und leicht zu erkennen. Es hat zahlreiche andere Namen. Einer davon lautet Tausendschön.

GEFÄHRDUNG — nicht gefährdet

Gemeine Schafgarbe *Achillea millefolium*

Ordnung: Asternartige
Familie: Korbblütler

Blüte	Mai und Juni
Höhe	bis 100 cm
Blätter	gefiedert
Standort	Wiesen, Wegränder

Nur wenige Heilpflanzen sind so vielseitig wie die Gemeine Schafgarbe. Sie fördert die Verdauung, wirkt gegen Keime oder löst Krämpfe. Genutzt werden vor allem Blätter und Blüten der Schafgarbe. Sie wächst an Wegrändern oder auf ungemähten Wiesen. Ab und zu begegnet man einer Pflanze, die statt weißer rosafarbene Blüten trägt.

GEFÄHRDUNG — nicht gefährdet

Edelweiß *Leontopodium nivale*

Ordnung: Asternartige
Familie: Korbblütler

Blüte	Juli bis September
Höhe	bis 20 cm
Blätter	lanzettlich
Standort	Bergwiesen, Felslücken

Das Edelweiß ist so hübsch, dass es früher häufig gepflückt wurde und dadurch stark zurückging. Mittlerweile haben aber viele Menschen verstanden, dass sie das Edelweiß am besten schützen können, indem sie es nur anschauen. Weltweit betrachtet, ist das Edelweiß nicht gefährdet. Bei uns ist es aber selten. Wer Glück hat, sieht es auf einer Bergwanderung.

GEFÄHRDUNG — nicht gefährdet

Silberdistel *Carlina acaulis*

Ordnung: Asternartige
Familie: Korbblütler

Blüte	Juli bis September
Höhe	bis 40 cm
Blätter	fiederschnittig
Standort	Magerrasen

Viele Insekten können Lichtwellen wahrnehmen, die wir Menschen nicht sehen können: zum Beispiel das ultraviolette Licht der Sonne. Die Silberdistel macht sich das zunutze. Die Mitte ihrer Blüte reflektiert das UV-Licht und schickt so ein Signal an Bienen oder Schmetterlinge. Diese wissen dann, wo sie süßen Nektar finden können, und landen auf der Blüte.

GEFÄHRDUNG   nicht gefährdet

Märzenbecher *Leucojum vernum*

Ordnung: Spargelartige
Familie: Amaryllisgewächse

Blüte	März und April
Höhe	bis 30 cm
Blätter	linealisch
Standort	Wiesen, Wälder

Pflanzen, die wenig Nektar bilden, müssen erfinderisch sein, um Insekten an ihre Blüten zu locken. Der Märzenbecher verströmt daher einen besonders süßen Duft. Zusätzlich gibt es auf seinen Blüten einen bestimmten Bereich, den Insektenaugen besonders dunkel wahrnehmen. Das lockt sie zusätzlich an. Beim Weiterflug nehmen sie Pollen zur nächsten Pflanze mit.

GEFÄHRDUNG — nicht gefährdet

Bärlauch *Allium ursinum*

Ordnung: Spargelartige
Familie: Amaryllisgewächse

Blüte	April und Mai
Höhe	bis 30 cm
Blätter	elliptisch-lanzettlich
Standort	Wälder

Bärlauch ist ein beliebtes Wildgemüse, das leicht nach Knoblauch duftet. Doch wer ihn sammeln will, muss vorsichtig sein. Die Blätter des Bärlauchs sind nämlich sehr leicht mit denen des giftigen Maiglöckchens zu verwechseln. Wer auf Nummer sicher gehen will, macht vorher den Geruchstest an den Blättern oder bittet einen Experten für Wildkräuter um Hilfe.

GEFÄHRDUNG — nicht gefährdet

Schneeglöckchen *Galanthus nivalis*

Ordnung: Spargelartige
Familie: Amaryllisgewächse

Blüte	Januar bis März
Höhe	bis 15 cm
Blätter	linealisch
Standort	Wälder, Wiesen, Gärten

Anders als andere Pflanzen blüht das Schneeglöckchen nicht erst im Frühjahr. Im Gegenteil: Während draußen noch Schnee liegt und die Bäume keine Blätter haben, bildet das Schneeglöckchen die ersten Blüten. Diese sind widerstandsfähig gegen Frost und gelten für viele Menschen als Boten des Frühlings. Doch Vorsicht: Schneeglöckchen sind giftig!

GEFÄHRDUNG — *beinahe gefährdet*

Frühlingskrokus *Crocus vernus*

Ordnung: Spargelartige
Familie: Schwertliliengewächse

Blüte	März bis Juni
Höhe	bis 15 cm
Blätter	linealisch
Standort	Wälder, Wiesen, Gärten

Lange ist gar nichts zu sehen und dann sprießen plötzlich überraschend die Krokusse aus dem Boden. Das liegt daran, dass die Pflanze aus unterirdischen Knollen entsteht, die während der kalten Jahreszeit im Boden ruhen. Erst im Frühling werden sie aktiv und schicken schmale Blätter und bunte Blüten nach oben. Krokusknollen halten starken Frost aus.

GEFÄHRDUNG — **nicht gefährdet**

Alpenberghähnlein *Anemone narcissiflora*

Ordnung: Hahnenfußartige
Familie: Hahnenfußgewächse

Blüte	Mai bis Juli
Höhe	bis 50 cm
Blätter	fingerförmig
Standort	Bergwiesen

Das Alpenberghähnlein ist auch unter dem Namen Narzissen-Windröschen bekannt. Es mag kühle, schattige Plätze, die hoch oben in den Bergen liegen. Dabei besiedelt es auch Böden, die anderen Pflanzen zu viel Kalk enthalten. Da die Pflanze Kälte liebt, gab es sie ursprünglich nur in arktischen Gebieten. Mit der letzten Eiszeit kam sie aber auch zu uns.

GEFÄHRDUNG — nicht gefährdet

Buschwindröschen *Anemone nemorosa*

Ordnung: Hahnenfußartige
Familie: Hahnenfußgewächse

Blüte	März bis Mai
Höhe	bis 25 cm
Blätter	fingerförmig
Standort	Wälder

Drei Viertel des Jahres – von Sommeranfang bis Winterende – sieht man vom Buschwindröschen fast nichts. In dieser Zeit zieht es sich unter die Erde zurück und wartet darauf, dass der Frühling anbricht. Denn nur dann gibt es am Waldboden noch genug Licht. Bis die Bäume ihre Blätter haben und Schatten werfen, nutzt das Buschwindröschen die Zeit zur Blüte.

GEFÄHRDUNG   nicht gefährdet

Echte Schlüsselblume *Primula veris*

Ordnung: Heidekrautartige
Familie: Primelgewächse

Blüte	April bis Juni
Höhe	bis 30 cm
Blätter	eiförmig
Standort	Wiesen, Wälder

Früher galt die Schlüsselblume als mythische Pflanze. Es hieß, sie sei ein Liebling der Elfen. Ob das wohl stimmt? Doch auch die Menschen wussten die gelben Blüten zu schätzen und verwendeten sie gegen Erkältungen. Schlüsselblumen wachsen gern auf Waldböden und schieben dafür sogar die trockenen Blätter vom letzten Herbst beiseite.

GEFÄHRDUNG — nicht gefährdet

Pfennigkraut *Lysimachia nummularia*

Ordnung: Heidekrautartige
Familie: Primelgewächse

Blüte	Mai bis Juli
Höhe	bis 5 cm
Blätter	rundlich
Standort	Wiesen, Sümpfe

Die runden Blätter des Pfennigkrauts gaben der Pflanze ihren Namen. Die langen Triebe wachsen dicht am Boden entlang und tragen leuchtend gelbe Blüten. Ursprünglich war das Pfennigkraut nur in Europa und Asien heimisch. Aber da es so häufig als Zierpflanze genutzt wird, ist es mittlerweile auch in anderen Erdteilen verwildert und breitet sich aus.

GEFÄHRDUNG — nicht gefährdet

Großes Springkraut
Impatiens noli-tangere

Ordnung: Heidekrautartige
Familie: Balsaminengewächse

Blüte	Juli und August
Höhe	bis 70 cm
Blätter	gezähnt
Standort	Wälder

Um seine Samen möglichst weit zu verbreiten, hat das Große Springkraut eine besondere Fähigkeit entwickelt. Die Samen reifen in länglichen, grünen Kapseln, deren Haut sehr fest gespannt ist. Streifen ein Tier oder ein Pflanzenstängel im Wind daran vorbei, platzt die Kapsel explosionsartig auf und schleudert die Samen bis zu drei Meter weit.

GEFÄHRDUNG   nicht gefährdet

Zypressenwolfsmilch
Euphorbia cyparissias

Ordnung: Malpighienartige
Familie: Wolfsmilchgewächse

Blüte	Mai bis September
Höhe	bis 50 cm
Blätter	linealisch
Standort	Wiesen, Magerrasen, Fels

Finger weg von dieser Pflanze! Wird der Stängel verletzt, tritt sofort eine weiße Flüssigkeit aus, die sehr giftig ist. Der Milchsaft verursacht Hautreizungen und kann sogar Augenentzündungen bewirken. Trotzdem ist die Pflanze wichtig. Sie ist nämlich die einzige Nahrung für die Raupe des Wolfsmilchschwärmers – der bei uns genauso selten ist wie die Pflanze.

GEFÄHRDUNG — nicht gefährdet

Blutwurz *Potentilla erecta*

Ordnung: Rosenartige
Familie: Rosengewächse

Blüte	Mai bis Oktober
Höhe	bis 30 cm
Blätter	mehrteilig
Standort	Wiesen, Moore

Der Name der Blutwurz stammt daher, dass ihre Wurzel „blutet", wenn man sie zerschneidet. Die rote Flüssigkeit, die dann austritt, enthält Farbstoffe, mit denen man sogar Wolle färben kann – allerdings wird diese dann nicht rot, sondern gelb. In manchen Regionen macht man aus Blutwurz Schnaps. Doch die gelben Blüten sehen auch in einer Vase gut aus.

GEFÄHRDUNG — nicht gefährdet

Gemeiner Hornklee *Lotus corniculatus*

Ordnung: Schmetterlingsblütenartige
Familie: Hülsenfrüchtler

Blüte	Mai bis September
Höhe	bis 30 cm
Blätter	eiförmig
Standort	Wiesen, Fels, Wegränder

Die Blüte der Pflanze hat eine ganz besondere Form, die nicht zufällig entstanden ist. Steuert eine Biene oder Hummel die Blüte an, kann sie nur an einer Stelle landen. Diese biegt sich dann nach unten und drückt automatisch ein wenig Blütenpollen aus der Blüte. Dieser bleibt im Pelz der Insekten hängen und wird dann zur nächsten Blüte transportiert.

GEFÄHRDUNG — nicht gefährdet

Großblütige Königskerze
Verbascum densiflorum

Ordnung: Lippenblütlerartige
Familie: Braunwurzgewächse

Blüte	Juni bis September
Höhe	bis 120 cm
Blätter	länglich-elliptisch
Standort	Wegränder, Schutt

Ein paar Anpassungen machen die Großblütige Königskerze zu einer Überlebenskünstlerin auf trockenen Böden. Ihre Blätter wachsen schräg nach oben. Wenn es regnet, fließt das Wasser an ihnen entlang zum Stängel und von dort nach unten zu den Wurzeln. Zusätzlich tragen Blätter und Stängel feine Haare, die verhindern, dass zu viel Wasser verdunstet.

GEFÄHRDUNG — nicht gefährdet

Gelber Enzian *Gentiana lutea*

Ordnung: Enzianartige
Familie: Enziangewächse

Blüte	Juni bis August
Höhe	bis 150 cm
Blätter	eiförmig
Standort	Bergwiesen

Bevor der Gelbe Enzian das erste Mal blüht, müssen zehn Jahre vergehen. Dafür wird die Pflanze aber auch sehr alt. Tief in der Erde sitzt eine meterlange, sehr dicke Wurzel, die auch nach mehr als 50 Jahren noch jedes Jahr eine Pflanze austreiben lässt. Gelber Enzian wächst bis in großen Höhen und kommt vor allem auf Bergwiesen vor.

GEFÄHRDUNG — nicht gefährdet

Huflattich *Tussilago farfara*

Ordnung: Asternartige
Familie: Korbblütler

Blüte	Februar bis April
Höhe	bis 30 cm
Blätter	hufförmig
Standort	Steinbrüche, Gebirge, Straßenränder

Die Blütezeit des Huflattichs kommt gerade rechtzeitig für die ersten Insekten im Frühjahr. Seine gelben Blüten locken nicht nur Bienen an, sondern auch Käfer oder Schwebfliegen. Einige Nachtfalter könnten ohne den Huflattich nicht überleben und schon gar keine Eier ablegen. Seine unterirdischen Wurzelausläufer reichen bis zu zwei Meter weit.

GEFÄHRDUNG — nicht gefährdet

Löwenzahn *Taraxacum officinale*

Ordnung: Asternartige
Familie: Korbblütler

Blüte	April und Mai
Höhe	bis 30 cm
Blätter	lanzettlich-gezahnt
Standort	Wiesen, Wegränder

Die gelben Blüten des Löwenzahns schließen sich bei Nacht oder im Regen. Gegen Ende der Blütezeit bilden sich aus der Blüte die hellen Samen, die dem Löwenzahn auch den Namen „Pusteblume" verleihen. An kleinen Schirmchen lassen sie sich vom Wind davontragen. Nur ein winziger Teil von ihnen keimt. Die anderen werden von Tieren gefressen.

GEFÄHRDUNG — nicht gefährdet

Kleines Habichtskraut
Hieracium pilosella

Ordnung: Asternartige
Familie: Korbblütler

Blüte	Mai bis Oktober
Höhe	bis 30 cm
Blätter	eiförmig
Standort	Trockenrasen, Wegränder, Felsspalten

An feuchten Standorten wächst das Kleine Habichtskraut nicht so gut wie an trockenen. Wird es ihm doch einmal zu warm, rollt es einfach die Blätter ein und wendet deren helle Unterseite nach außen. So wird das Sonnenlicht zurückgestrahlt und die Pflanze überhitzt nicht. Die Samen tragen Schirmchen und können mehrere Kilometer weit fliegen.

GEFÄHRDUNG — nicht gefährdet

Gelber Frauenschuh
Cypripedium calceolus

Ordnung: Spargelartige
Familie: Orchideen

Blüte	Mai und Juni
Höhe	bis 60 cm
Blätter	breit-elliptisch
Standort	Wälder, Berghänge

Insekten werden durch leuchtende Farben und einen süßen Duft zur Blüte des Gelben Frauenschuhs gelockt. Doch die Blüte ist eine Falle, die gar keinen Nektar liefert. Die Insekten fallen in ihren runden Bauch und müssen sich mühsam wieder herausarbeiten. Dabei zwängen sie sich an den Staubbeuteln vorbei und werden mit Pollen bestäubt, den sie dann mitnehmen,

GEFÄHRDUNG   nicht gefährdet

Sumpfdotterblume *Caltha palustris*

Ordnung: Hahnenfußartige
Familie: Hahnenfußgewächse

Blüte	März bis Juni
Höhe	bis 60 cm
Blätter	herzförmig
Standort	Sümpfe, Wälder, Gräben

Im Gegensatz zu anderen Pflanzen lässt die Sumpfdotterblume ihre Blüten bei Regen offen. So sammelt sich Wasser darin und steigt bis an den Blütenrand. In der kleinen Pfütze schwimmt der Pollen umher und wird so auch zur Narbe transportiert. Die Blüte befruchtet sich mit dieser Regenbestäubung also selbst und bildet dann Früchte und Samen.

GEFÄHRDUNG — nicht gefährdet

Scharfer Hahnenfuß *Ranunculus acris*

Ordnung: Hahnenfußartige
Familie: Hahnenfußgewächse

Blüte	Mai bis Oktober
Höhe	bis 120 cm
Blätter	eingeschnitten gezähnt
Standort	Wiesen

Der Scharfe Hahnenfuß heißt auch Butterblume. Er ist für Menschen und Tiere giftig, aber nur wenn er frisch ist. Trockene Stängel, zum Beispiel im Heu, haben schon so viel von ihrem Gift verloren, dass sie als Futter verwendet werden können.
Die Blüten der Pflanze sind leuchtend gelb und von unten leicht behaart. Daran kann man sie gut erkennen.

GEFÄHRDUNG — nicht gefährdet

Gelbes Windröschen
Anemone ranunculoides

Ordnung: Hahnenfußartige
Familie: Hahnenfußgewächse

Blüte	März bis Mai
Höhe	bis 30 cm
Blätter	eingeschnitten gezähnt
Standort	Wälder

Im Frühling, wenn die Bäume noch keine Blätter tragen, nutzt das Gelbe Windröschen die ersten warmen Tage. Es breitet sich wie ein gelber Teppich am Waldboden aus und bekommt unter den kahlen Zweigen der Bäume alle Sonnenstrahlen ab. Das Gelbe Windröschen sieht dem Scharfen Hahnenfuß ähnlich und ist ebenfalls giftig.

GEFÄHRDUNG — nicht gefährdet

Klatschmohn *Papaver rhoeas*

Ordnung: Hahnenfußartige
Familie: Mohngewächse

Blüte	Mai bis Juli
Höhe	bis 90 cm
Blätter	fiederschnittig
Standort	Felder, Wegränder, Schutt

Die roten Blüten des Klatschmohns leuchten häufig zwischen den gelben Ähren eines Getreidefeldes. Seine Samen vermischen sich mit den geernteten Getreidekörnern, die dann als Saatgut verkauft werden. Auf diese Weise breitet sich der Mohn immer weiter aus. Denn wird das Getreide auf einem neuen Feld ausgesät, wächst dort auch der Mohn.

GEFÄHRDUNG — nicht gefährdet

Taubenkropfleimkraut *Silene vulgaris*

Ordnung: Nelkenartige
Famille: Nelkengewächse

Blüte	Mai bis September
Höhe	bis 50 cm
Blätter	lanzettlich
Standort	Wiesen

Die Blüten des Taubenkropfleimkrauts fangen erst nachts an zu duften und locken damit vor allem Nachtfalter an. Diese können mit ihrem langen Rüssel gut an den Nektar heranreichen. Hummeln halten sich gar nicht erst damit auf, den Nektar tief in der Blüte zu suchen und dann mühsam hinein zu krabbeln. Sie beißen die Blüte einfach von außen auf.

GEFÄHRDUNG — nicht gefährdet

Rote Lichtnelke *Silene dioica*

Ordnung: Nelkenartige
Familie: Nelkengewächse

Blüte	April bis Oktober
Höhe	bis 90 cm
Blätter	lanzettlich
Standort	Wiesen, Wälder

Bei der Roten Lichtnelke gibt es männliche und weibliche Blüten. Meistens kommen pro Pflanze nur die Blüten eines Geschlechts vor. Manchmal wachsen an einem Stängel aber auch männliche und weibliche Blüten gemeinsam. Da die Blüten einen tiefen Kelch haben, kommen nur Insekten mit einem sehr langen Rüssel an den Nektar ran, Schmetterlinge zum Beispiel.

GEFÄHRDUNG — nicht gefährdet

Schlangenknöterich *Bistorta officinalis*

Ordnung: Nelkenartige
Familie: Knöterichgewächse

Blüte	Mai bis Juli
Höhe	bis 100 cm
Blätter	oval
Standort	Feuchtwiesen

Früher glaubten die Menschen, dass die schlangenförmige Wurzel des Schlangenknöterichs auch gegen den Biss einer Giftschlange wirkt. Das stimmt zwar nicht, aber immerhin bekam die Pflanze so ihren Namen. Für den Blauschillernden Feuerfalter ist sie trotzdem manchmal ein Retter in der Not. Denn nur an ihr kann er seine Eier ablegen.

GEFÄHRDUNG nicht gefährdet

Wiesenschaumkraut *Cardamine pratensis*

Ordnung: Kreuzblütlerartige
Familie: Kreuzblütler

Blüte	April bis Juli
Höhe	bis 55 cm
Blätter	gefiedert
Standort	Wiesen und Wälder

Aus den hübschen Blüten des Wiesenschaumkrauts entstehen im Spätsommer längliche Schoten, die die Samen enthalten. Wenn diese reif sind, platzen sie auf und schleudern die Samenkörner in alle Richtungen davon. Jedes Korn, das auf fruchtbaren Boden fällt, braucht dann nur ein wenig Sonnenlicht und Wasser, um zu keimen. Die Pflanze ist ein Lichtkeimer.

GEFÄHRDUNG — nicht gefährdet

Mehlige Schlüsselblume
Primula farinosa

Ordnung: Heidekrautartige
Familie: Primelgewächse

Blüte	Mai bis Juli
Höhe	bis 20 cm
Blätter	eiförmig
Standort	Moore, Bachufer

Man erkennt die Mehlige Schlüsselblume an dem hellgelben Ring in der Mitte der Blüte. Ihren Namen bekam sie aber von dem mehlartigen Überzug, der an der Unterseite der Blätter hängt. Die Schlüsselblume mag feuchte Böden und wächst deshalb häufig an Bachufern oder in Sümpfen. Vollständig unter Wasser kann sie allerdings nicht gedeihen.

GEFÄHRDUNG nicht gefährdet

Wilde Malve *Malva sylvestris*

Ordnung: Malvenartige
Familie: Malvengewächse

Blüte	Mai bis September
Höhe	bis 120 cm
Blätter	mehrlappig
Standort	Zäune, Wälder, Wegränder

Die dunklen Streifen auf den Blütenblättern der Wilden Malve sind nicht nur hübsch anzuschauen, sondern haben auch noch eine wichtige Funktion. Da sie kein UV-Licht reflektieren, sehen sie für viele Insekten schwarz aus. Das fällt auf und markiert einen Ort mit viel Nektar. Insekten, die das einmal erkannt haben, steuern die Blüten gerne an.

GEFÄHRDUNG nicht gefährdet

Großer Wiesenknopf
Sanguisorba officinalis

Ordnung: Rosenartige
Familie: Rosengewächse

Blüte	Juni bis September
Höhe	bis 120 cm
Blätter	gefiedert
Standort	Wiesen und Moore

Die länglichen Blütenstände des Großen Wiesenknopfs enthalten viele kleine Einzelblüten. Wenn die Pflanze blüht, öffnen sich zuerst die Blüten an der Spitze und dann die Blüten an der Unterseite des Blütenstandes. Einige Falter suchen sich Blüten, die noch geschlossen sind, und legen dort ihre Eier ab. Die Raupen leben dann auf den offenen Blüten.

GEFÄHRDUNG — nicht gefährdet

Spinnenweb-Hauswurz
Sempervivum arachnoideum

Ordnung: Steinbrechartige
Familie: Dickblattgewächse

Blüte	Juni und Juli
Höhe	bis 15 cm
Blätter	dickfleischig
Standort	Felsen, Wiesen

Spinnweb-Hauswurz bildet dicke Polster am Boden und kann in ihren Blättern Flüssigkeit speichern. So schafft es die Pflanze, auch auf trockenen Böden oder sogar im Gebirge zu wachsen. Durch spinnwebartige Fäden über ihren Blättern schützt sie sich vor zu viel Sonne. Wer eine Trockenmauer im Garten hat, pflanzt die Spinnweb-Hauswurz gerne zwischen die Steine.

GEFÄHRDUNG — nicht gefährdet

Rotklee *Trifolium pratense*

Ordnung: Schmetterlingsblütenartige
Familie: Hülsenfrüchtler

Blüte	Mai bis Oktober
Höhe	bis 75 cm
Blätter	eiförmig
Standort	Wiesen, Felder

Man sieht es dem Rotklee nicht an, aber seine Wurzeln können bis zu zwei Meter tief in den Boden reichen. Außer mit Samen verbreitet er sich auch noch mit langen Wurzelausläufern, die unter der Erde entlang wachsen und dann wieder an die Oberfläche kommen. Der Rotklee liefert Nahrung für viele Insekten, darunter Bienen und Hummeln.

GEFÄHRDUNG — nicht gefährdet

Saatwicke *Vicia sativa*

Ordnung: Schmetterlingsblütenartige
Familie: Hülsenfrüchtler

Blüte	März bis April und August bis Oktober
Höhe	bis 80 cm
Blätter	gefiedert
Standort	Wiesen, Wegränder

Die Saatwicke steht häufig in Feldern oder an Wegrändern. Sie ist eine Kulturpflanze und wird vor allem als Futterpflanze angebaut. Daher trägt sie auch den Zweitnamen Futterwicke. Vermutlich stammt die Pflanze ursprünglich aus dem Mittelmeerraum. Im Laufe der letzten Jahrhunderte hat sie sich aber über den ganzen Erdball ausgebreitet.

GEFÄHRDUNG — nicht gefährdet

Zaunwicke *Vicia sepium*

Ordnung: Schmetterlingsblütenartige
Familie: Hülsenfrüchtler

Blüte	Mai bis August
Höhe	bis 50 cm
Blätter	eiförmig
Standort	Wiesen, Wegränder

Die Zaunwicke kann ihren Nektar nicht nur in den Blüten produzieren, sondern auch unter einigen ihrer Blätter. Sie lockt damit Ameisen an, die die süße Flüssigkeit gerne fressen. Entdecken die Ameisen beim Nektarsammeln Tiere wie Raupen, die die Zaunwicke anknabbern, fressen sie diese gleich mit oder vertreiben sie. So schützen sie die Pflanze.

GEFÄHRDUNG — nicht gefährdet

Stinkender Storchschnabel
Geranium robertianum

Ordnung: Storchschnabelartige
Familie: Storchschnabelgewächse

Blüte	April bis September
Höhe	bis 50 cm
Blätter	handförmig
Standort	Gärten, Wiesen, Wegränder

Der Stinkende Storchschnabel ist ein Alleskönner, was seinen Standort angeht. Er kann an schattigen Orten wachsen, indem er seine Blätter dorthin dreht, wo am meisten Licht ist. Aber auch in der prallen Sonne gedeiht er gut. Mit der Wärme kann er gut umgehen und wenn es doch mal zu viel wird, färbt er seine Blätter mit einem schützenden Pigment rot.

GEFÄHRDUNG — nicht gefährdet

Wiesenstorchschnabel
Geranium pratense

Ordnung: Storchschnabelartige
Familie: Storchschnabelgewächse

Blüte	Juni bis August
Höhe	bis 80 cm
Blätter	handförmig
Standort	Wiesen

Der Wiesenstorchschnabel benötigt Insektenbesuch auf seinen Blüten, denn nur so gelangt sein Pollen von einer Pflanze auf die andere. Doch nicht alle Insekten dürfen sich auf die Blüte setzen. Um unerwünschte Insekten fernzuhalten, wachsen auf dem Stängel der Pflanze dünne Haare. Diese dienen als Barriere für Käfer oder andere kleine Krabbler.

GEFÄHRDUNG — nicht gefährdet

Ackerwinde *Convolvulus arvensis*

Ordnung: Nachtschattenartige
Familie: Windengewächse

Blüte	Juni bis September
Höhe	bis 200 cm
Blätter	länglich
Standort	Wegränder, Zäune, Wiesen

Die Ackerwinde kann sich an Steinen, Zäunen und sogar anderen Pflanzen entlang ranken. Die Spitzen ihrer Zweige finden geeignete Stellen, indem sie beim Wachsen sehr langsame kreisförmige Bewegungen machen. Stoßen sie irgendwo auf ein Hindernis, wachsen sie in dessen Richtung. Die zarten Blüten der Ackerwinde sind nur einen ganzen Tag lang vollständig geöffnet.

GEFÄHRDUNG — nicht gefährdet

Tollkirsche *Atropa belladonna*

Ordnung: Nachtschattenartige
Familie: Nachtschattengewächse

Blüte	Juni bis August
Höhe	bis 150 cm
Blätter	elliptisch
Standort	Waldlichtungen

Die schwarzen Beeren der Tollkirsche sind ein gutes Beispiel dafür, warum man niemals unbekannte Früchte essen sollte. Ihr Gift ist nämlich so stark, dass es beim Menschen zu schweren Vergiftungen und sogar zum Tod führen kann. Vögel wie Amseln und Spatzen hingegen fressen die Beeren ohne Probleme und nehmen dabei keinen Schaden.

GEFÄHRDUNG — nicht gefährdet

Roter Fingerhut *Digitalis purpurea*

Ordnung: Lippenblütlerartige
Familie: Wegerichgewächse

Blüte	Juni bis August
Höhe	bis 200 cm
Blätter	länglich
Standort	Wälder

Im Innern der Fingerhut-Blüten wachsen dünne Haare, die verhindern, dass kleine Insekten hinein gelangen können. Für Hummeln hingegen hat die untere Kante der Blüte sogar einen extra Landeplatz. Hummeln sind kräftig genug, in die Blüte hinein und an den Haaren vorbei zu krabbeln. Sie verbreiten den Pollen der hochgiftigen Pflanze.

GEFÄHRDUNG — nicht gefährdet

Gefleckte Taubnessel
Lamium maculatum

Ordnung: Lippenblütlerartige
Familie: Lippenblütler

Blüte	April bis November
Höhe	bis 80 cm
Blätter	herzförmig
Standort	Wegränder, Waldränder

Die Taubnessel steht häufig an Wegrändern oder dort, wo im Wald die Sonne durch die Bäume scheint. Ihre leuchtenden Blüten verwandeln sich im Herbst in harte Früchte, die sehr klein sind und einen ölhaltigen Anhang haben. Dieser lockt nach dem Herabfallen Ameisen an, die die Samen mitnehmen und dadurch in der Umgebung verteilen.

GEFÄHRDUNG — nicht gefährdet

Ackerminze *Mentha arvensis*

Ordnung: Lippenblütlerartige
Familie: Lippenblütler

Blüte	Juni bis Oktober
Höhe	bis 50 cm
Blätter	eiförmig
Standort	Äcker, Gräben

Beim Zerreiben der Blätter verbreitet sich der typische und bekannte Minzgeruch der Pflanze. Das liegt an den ätherischen Ölen, die in den Blättern enthalten sind. Die Blüten der Ackerminze wachsen zu mehreren an der Stelle heraus, an der auch die Laubblätter dem Stängel entspringen. Nur an der Spitze der Pflanze wachsen ausschließlich grüne Blätter.

GEFÄHRDUNG — **nicht gefährdet**

Wiesensalbei Salvia pratensis

Ordnung: Lippenblütlerartige
Familie: Lippenblütler

Blüte	Mai bis August
Höhe	bis 60 cm
Blätter	oval
Standort	Wiesen

Den Blüten des Wiesensalbeis sieht man an, dass die Pflanze zu den Lippenblütlern gehört. Die untere Blütenlippe lässt sich gut von Hummeln anfliegen. Diese zwängen sich in die Blüte, um an den Nektar heranzukommen. Dabei klappt die obere Blütenlippe herunter und drückt die Staubfäden mit dem Pollen in den Hummelpelz – der gelangt so zur nächsten Pflanze.

GEFÄHRDUNG nicht gefährdet

Rote Pestwurz *Petasites hybridus*

Ordnung: Asternartige
Familie: Korbblütler

Blüte	März bis Mai
Höhe	bis 120 cm
Blätter	rundlich
Standort	Bachufer

Die Rote Pestwurz mag Böden, die feucht sind, und sogar solche, die ab und zu überschwemmt werden. Sie wächst an Bachufern und gehört zu den Pflanzen, die im Frühling sehr früh blühen. Die Blüten der Pestwurz haben es so eilig, aus dem Boden zu kommen, dass sie sogar die Blätter der Pflanze überholen. Die wachsen nämlich erst etwas später heran.

GEFÄHRDUNG — nicht gefährdet

Gewöhnliche Kratzdistel
Cirsium vulgare

Ordnung: Asternartige
Familie: Korbblütler

Blüte	Juli bis Oktober
Höhe	bis 130 cm
Blätter	fiederspaltig
Standort	Wege, Schutt, Waldränder

Dass die Unterseite der Distelblätter ganz glatt ist, merkt man gar nicht, denn die Oberseite ist so stachelig, dass niemand gerne nah herankommt. Dem Distelfalter ist egal, dass die Blüten der Distel keinen Nektar produzieren. Er legt seine Eier trotzdem an die Distelblätter. Die Raupen spinnen die Blätter zu einem gemütlichen Nest zusammen, in dessen Sicherheit sie ungestört fressen können.

GEFÄHRDUNG — nicht gefährdet

Wiesenflockenblume *Centaurea jacea*

Ordnung: Asternartige
Familie: Korbblütler

Blüte	Mai bis Oktober
Höhe	bis 70 cm
Blätter	buchtig-fiederspaltig
Standort	Wegränder, Wiesen

Die Wiesenflockenblume ist ein typischer Korbblütler. Was aussieht wie eine einzelne, große Blüte, ist in Wirklichkeit ein Blütenkorb, der aus bis zu hundert Einzelblüten besteht. Die winzigen Röhrenblüten der Wiesenflockenblume sind bei vielen Insekten beliebt. Hier landen nicht nur Hummeln und Bienen, sondern auch viele Schmetterlingsarten.

GEFÄHRDUNG — nicht gefährdet

Wiesenglockenblume *Campanula patula*

Ordnung: Asternartige
Familie: Glockenblumengewächse

Blüte	Mai bis Oktober
Höhe	bis 70 cm
Blätter	verkehrt-eiförmig / lanzettlich
Standort	Wiesen, Wälder

Am besten wächst die Wiesenglockenblume auf hellen Wiesen oder auf Waldlichtungen, wo die Sonne durch die Zweige scheint. Ihren Namen hat sie von der Glockenform ihrer blauen Blüten. Eine Besonderheit gibt es bei den Blättern der Wiesenglockenblume. Diese sind unten am Boden anders geformt als weiter oben. Unten sind sie eiförmig, oben länglich.

GEFÄHRDUNG   **unbekannt**

Strandaster *Tripolium pannonicum*

Ordnung: Asternartige
Familie: Korbblütler

Blüte	Juli bis September
Höhe	bis 150 cm
Blätter	lanzettlich
Standort	Salzwiesen

Wie alle Salzwiesenpflanzen kann auch die Strandaster auf Böden leben, die für andere Pflanzen viel zu salzig sind. Sie wächst dicht an der Küste und kann sogar Überschwemmungen mit Meerwasser ertragen. Das Salz, das sie aus dem Boden aufnimmt, wird sie wieder los, indem sie es in einzelne Blätter leitet und diese dann, mit dem Salz darin, abwirft.

GEFÄHRDUNG — nicht gefährdet

Kornblume *Cyanus segetum*

Ordnung: Asternartige
Familie: Korbblütler

Blüte	Juni bis Oktober
Höhe	bis 100 cm
Blätter	lanzettlich
Standort	Feldränder, Schutt

Kornblumensamen gelangen mit der Getreidesaat auf die Felder und wachsen dort vor allem am Rand. Das liegt daran, dass sie sich dort auch nach Jahren noch weitervermehren können, während das Feld jedes Jahr abgemäht und umgepflügt wird. Dass die Kornblume auch schon früher häufig auf Kornfeldern zu finden war, sieht man an ihrem Namen.

GEFÄHRDUNG — nicht gefährdet

Gemeine Wegwarte *Cichorium intybus*

Ordnung: Asternartige
Familie: Korbblütler

Blüte	Juni bis Oktober
Höhe	bis 140 cm
Blätter	lanzettlich
Standort	Wegränder, Straßenränder

Das Wort „gemein" im Namen der Gemeinen Wegwarte bedeutet nicht etwa, dass die Pflanze besonders unfreundlich wäre. Es ist eher ein anderer Begriff für „allgemein" und zeigt, dass die Wegwarte sehr häufig vorkommt. Sie ist sehr unempfindlich und wächst sowohl auf Wiesen als auch an Straßenrändern – sogar auf Verkehrsinseln mitten in der Stadt.

GEFÄHRDUNG nicht gefährdet

Herbstzeitlose *Colchicum autumnale*

Ordnung: Lilienartige
Familie: Zeitlosengewächse

Blüte	September und Oktober
Höhe	bis 30 cm
Blätter	breit-lanzettlich
Standort	Wiesen, Wälder

Herbstzeitlose sind hochgiftige Pflanzen, deren Blätter mit denen des essbaren Bärlauchs verwechselt werden können. Vor allem im Frühjahr, wenn die Blüten der Herbstzeitlosen nicht zu sehen sind, muss man besonders gut hinschauen. Für die moderne Medizin sind die Inhaltsstoffe der Pflanze aber ein Segen. Sie werden zum Beispiel gegen Krebs eingesetzt.

GEFÄHRDUNG — nicht gefährdet

Breitblättriges Knabenkraut
Dactylorhiza majalis

Ordnung: Spargelartige
Familie: Orchideen

Blüte	Mai bis Juli
Höhe	bis 40 cm
Blätter	eiförmig-lanzettlich
Standort	Wiesen, Moore

Ein auffälliges Kennzeichen des Breitblättrigen Knabenkrauts sind die dunklen Flecken auf seinen Blättern. Früher glaubten die Menschen, dass die Wurzel der Pflanze, allein durch Berührung, Krankheiten heilen könne. Heute weiß man, dass das nicht stimmt. Besonders an der Wurzel ist jedoch, dass sie immer einen Überzug von Pilzfäden hat, die ihr Nährstoffe liefern.

GEFÄHRDUNG — nicht gefährdet

Fliegen-Ragwurz *Ophrys insectifera*

Ordnung: Spargelartige
Familie: Orchideen

Blüte	Mai bis Juli
Höhe	bis 40 cm
Blätter	lanzettlich
Standort	Wiesen, Nadelwälder

Die Fliegen-Ragwurz ist eine Meisterin der Täuschung. Ihre Blüten ahmen die Form eines Grabwespen-Weibchens nach und locken die Wespenmännchen schon von Weitem an. Doch die Blüten sehen nicht nur aus wie eine Wespe, sondern riechen auch noch so – zumindest für eine andere Wespe. Die getäuschten Männchen ziehen weiter und nehmen dabei Pollen mit.

GEFÄHRDUNG — nicht gefährdet

Halligflieder *Limonium vulgare*

Ordnung: Nelkenartige
Familie: Bleiwurzgewächse

Blüte	Mai bis Juli
Höhe	bis 50 cm
Blätter	verkehrt-eiförmig
Standort	Salzwiesen

Der Halligflieder wird auch Strandflieder genannt und genau hier wächst er auch: am Strand. Halligflieder gedeiht auch auf Salzwiesen. Diese Wiesen liegen nah am Meer und werden ab und zu von Salzwasser überschwemmt. Die Pflanze hat eine Möglichkeit gefunden, das überschüssige Salz wieder loszuwerden. Sie scheidet es einfach durch spezielle Drüsen aus.

GEFÄHRDUNG — nicht gefährdet

Waldveilchen *Viola reichenbachiana*

Ordnung: Malpighienartige
Familie: Veilchengewächse

Blüte	März bis Mai
Höhe	bis 25 cm
Blätter	herzförmig
Standort	Wälder

Die violetten Blüten des Waldveilchens tragen auf der Rückseite einen Sporn – eine Art Ausbuchtung. Man kann das Waldveilchen von anderen Veilchenarten unterscheiden, indem man darauf achtet, welche Farbe der Sporn hat. Ist er dunkellila, hat man meistens ein Waldveilchen vor sich. Ein hellerer Sporn gehört zu anderen Veilchen.

GEFÄHRDUNG nicht gefährdet

Stängelloser Enzian *Gentiana acaulis*

Ordnung: Enzianartige
Familie: Enziangewächse

Blüte	Mai bis August
Höhe	bis 10 cm
Blätter	elliptisch
Standort	Bergwiesen

Der Stängellose Enzian hat leuchtend blaue Blüten, die auf der Innenseite grüne Flecken tragen. Er wächst auch in großen Höhen und ist vor allem auf Bergwiesen zu finden. In Deutschland ist der Enzian selten und daher geschützt. Sein Lebensraum ist in letzter Zeit dennoch kleiner geworden, weil er auf stark gedüngten Wiesen nicht wachsen kann.

GEFÄHRDUNG — nicht gefährdet

Echtes Lungenkraut *Pulmonaria officinalis*

Ordnung: Raublattartige
Familie: Raublattgewächse

Blüte	März bis Mai
Höhe	bis 30 cm
Blätter	eiförmig
Standort	Wälder, Waldränder

Das echte Lungenkraut ist an seinen hellgrünen, gepunkteten Blättern zu erkennen. Die Blüten wechseln während der Blütezeit ihre Farbe. Sie leuchten zuerst in einem kräftigen Pink und werden nach etwa drei Tagen violett. Die Insekten, die an den Blüten nach Nektar suchen, fliegen zuerst die pinken Blüten an, denn diese enthalten mehr Nektar.

GEFÄHRDUNG — nicht gefährdet

Gewöhnliche Akelei *Aquilegia vulgaris*

Ordnung: Hahnenfußartige
Familie: Hahnenfußgewächse

Blüte	Mai und Juni
Höhe	bis 60 cm
Blätter	rundlich-gelappt
Standort	Wiesen, Wälder

An vielen Orten in Deutschland ist die Gewöhnliche Akelei selten geworden und steht daher unter Schutz. Weltweit gesehen geht es ihr etwas besser. Trotzdem darf man bei uns eine Akelei-Wiese nicht betreten, um die Pflanzen nicht aus Versehen zu zerstören. Weil sie gerne in Wäldern und an Waldrändern wächst, heißt die Gewöhnliche Akelei auch Wald-Akelei.

GEFÄHRDUNG — nicht gefährdet

Blauer Eisenhut *Aconitum napellus*

Ordnung: Hahnenfußartige
Familie: Hahnenfußgewächse

Blüte	Juli bis September
Höhe	bis 200 cm
Blätter	handförmig
Standort	Bachufer, Wiesen, Wälder

Der Blaue Eisenhut ist wahrscheinlich die giftigste Pflanze Europas. Alles an ihr ist giftig: Blüten, Blätter und Wurzeln. Sogar reine Berührungen sind für Menschen schon gefährlich. Zum Glück ist der Blaue Eisenhut aber auch leicht zu erkennen. Seine dunklen Blüten sind in länglichen Blütenständen angeordnet, die gerne von Hummeln besucht werden.

GEFÄHRDUNG — nicht gefährdet

Ackerrittersporn *Consolida regalis*

Ordnung: Hahnenfußartige
Familie: Hahnenfußgewächse

Blüte	Mai bis August
Höhe	bis 50 cm
Blätter	mehrteilig
Standort	Felder, Wegränder

Die Blüte des Ackerrittersporns ist so gebaut, dass Hummeln ihren Kopf zum Nektar hineinstecken können. Da die Pflanze giftig ist, wurde sie früher von Landwirten nicht gerne gesehen. Es kam nämlich ab und zu vor, dass Kühe davon fraßen und sich unabsichtlich vergifteten. Heute ist der Ackerrittersporn bei uns sehr selten und daher streng geschützt.

GEFÄHRDUNG — nicht gefährdet

Leberblümchen *Hepatica nobilis*

Ordnung: Hahnenfußartige
Familie: Hahnenfußgewächse

Blüte	März und April
Höhe	bis 25 cm
Blätter	dreilappig
Standort	Wälder

Wenn man das Leberblümchen an seinem Wuchsort im Laubwald nicht stört, kann es dort sehr alt werden. Es dauert ohnehin ein paar Jahre, bis ein frisch ausgesätes Leberblümchen das erste Mal Blüten bekommt. Dann ist es aber jedes Jahr unter den ersten blühenden Blumen. Es schiebt sogar welke Blätter beiseite, um an das helle Sonnenlicht zu gelangen.

GEFÄHRDUNG nicht gefährdet

Gewöhnliche Küchenschelle
Pulsatilla vulgaris

Ordnung: Hahnenfußartige
Familie: Hahnenfußgewächse

Blüte	März bis Mai
Höhe	bis 30 cm
Blätter	fiederschnittig
Standort	Wälder, Wiesen

Die Gewöhnliche Küchenschelle wächst am besten auf Böden ohne viele Nährstoffe. Überall dort, wo viel gedüngt wird, verschwindet sie mit der Zeit. Deshalb findet man sie auch nicht auf Feldern oder auf Kuhweiden. Selbst in einem normalen Garten ist der Boden für die Gewöhnliche Küchenschelle zu fruchtbar. Das hat dazu geführt, dass sie seltener wurde.

GEFÄHRDUNG — **beinahe gefährdet**

Weißer Gänsefuß *Chenopodium album*

Ordnung: Nelkenartige
Familie: Fuchsschwanzgewächse

Blüte	Juli bis Oktober
Höhe	bis 150 cm
Blätter	lanzettlich
Standort	Wegränder, Schutt, Felder

Auch Pflanzen, die eigentlich recht unscheinbar aussehen, können enorm wichtig sein. Der Weiße Gänsefuß dient zum Beispiel mehr als sechzig verschiedenen Schmetterlingen als Hilfe. Die Falter legen ihre Eier an den Blättern ab und können damit sicher sein, dass die Raupen später genug zu fressen finden. Auch Ameisen und Wanzen finden hier Futter.

GEFÄHRDUNG — nicht gefährdet

Queller *Salicornia europaea*

Ordnung: Nelkenartige
Familie: Fuchsschwanzgewächse

Blüte	Juni bis September
Höhe	bis 40 cm
Blätter	dickfleischig
Standort	Watt, Gezeitenzonen

Nach dem Queller wurde ein ganzer Abschnitt an verschiedenen Meeresküsten benannt. Die Quellerzone ist der Bereich, in dem nur diejenigen Pflanzen wachsen können, die am meisten Salz vertragen. Sie liegt dicht am Wasser und wird regelmäßig überschwemmt. Der Queller lagert das überschüssige Salz einfach in seinen dicken Stängeln ein.

GEFÄHRDUNG — **nicht gefährdet**

Wiesensauerampfer *Rumex acetosa*

Ordnung: Nelkenartige
Familie: Knöterichgewächse

Blüte	Mai bis August
Höhe	bis 90 cm
Blätter	länglich
Standort	Wiesen

Früher nahmen die Seefahrer viel Proviant mit auf ihre langen Fahrten. Darunter waren nicht selten auch ein paar Pflanzen des Wiesensauerampfers. Seine Blätter enthalten viel Vitamin C und beugten auf langen Seereisen Krankheiten vor. Auch heute noch wird der Sauerampfer gerne im Salat gegessen. Seine Blätter haben einen säuerlichen Geschmack.

GEFÄHRDUNG nicht gefährdet

Frauenmantel *Alchemilla vulgaris*

Ordnung: Rosenartige
Familie: Rosengewächse

Blüte	Mai bis Oktober
Höhe	bis 80 cm
Blätter	mehrlappig
Standort	Wiesen, Felder

Die Blätter des Frauenmantels sind mit einer dünnen Wachsschicht überzogen, von der Regenwasser leicht abperlt. Bei nassem Wetter oder nach einem Regenguss sammeln sich deshalb einzelne Wassertropfen in der Mitte der Blätter. Legt man Schafwolle in einen Sud aus den Blüten des Frauenmantels, färbt sie sich gelb. Früher wurden so Stoffe eingefärbt.

GEFÄHRDUNG — nicht gefährdet

Spitzwegerich *Plantago lanceolata*

Ordnung: Lippenblütlerartige
Familie: Wegerichgewächse

Blüte	Mai bis September
Höhe	bis 50 cm
Blätter	lanzettlich
Standort	Wiesen, Wegränder

Die Blüten des Spitzwegerichs sind winzig klein – aber dafür zahlreich. Sie wachsen an einem gemeinsamen Blütenstand, der wie eine Walze geformt ist. Die Blätter sind lang und schmal. Sie haben auffällige Blattadern, die alle in dieselbe Richtung wachsen. Zerriebene Blätter kann man auf Insektenstiche legen. Sie kühlen und wirken gegen den Schmerz.

GEFÄHRDUNG nicht gefährdet

Breitblättriger Rohrkolben
Typha latifolia

Ordnung: Süßgrasartige
Familie: Rohrkolbengewächse

Blüte	März bis August
Höhe	bis 300 cm
Blätter	linealisch
Standort	Seen, Teiche, Wassergräben

Das markanteste Kennzeichen des Rohrkolbens sind seine ungewöhnlichen Blüten. An einem langen Stängel wachsen gleichzeitig männliche und weibliche Blüten. Die weiblichen verfärben sich mit der Zeit braun und bilden eine lange Rolle. Direkt darüber wachsen die männlichen Blüten. Sie sind viel kleiner und sehen oft aus wie ein trockener Zweig.

GEFÄHRDUNG — nicht gefährdet

Schmalblättriges Wollgras
Eriophorum angustifolium

Ordnung: Süßgrasartige
Familie: Sauergrasgewächse

Blüte	März bis Mai
Höhe	bis 90 cm
Blätter	linealisch
Standort	Moore, Wiesen, Sümpfe

Woher das Wollgras seinen Namen hat, sieht man schon von Weitem: Sind die Blüten verblüht, verlängern sich ihre Hüllfäden und sehen dann aus wie ein weißer Klumpen Wolle. Unten an den Wollfäden hängen später die Früchte der Pflanze. Sie fallen ab und schweben an ihren Fäden im Wind davon. So reisen die Samen des Wollgrases weite Strecken.

GEFÄHRDUNG — nicht gefährdet

Ackerschachtelhalm *Equisetum arvense*

Ordnung: Schachtelhalmartige
Familie: Schachtelhalmgewächse

Blüte	März bis Mai
Höhe	bis 50 cm
Blätter	lanzettlich
Standort	Wiesen, Sümpfe, Gräben

Die grünen Stängel des Ackerschachtelhalms sind hohl und von mehreren feinen Luftkanälen durchzogen. In vielen Gärten ist die Pflanze gar nicht gern gesehen, denn beim Umgraben gelangen Wurzelteile an andere Stellen und wachsen dort fest. Dort entsteht dann ein neuer Ackerschachtelhalm, der sich zusätzlich noch unterirdisch ausbreitet.

GEFÄHRDUNG — nicht gefährdet

Bäume und Sträucher

Was sind Bäume und Sträucher?

Wie andere Pflanzen auch, wachsen Bäume und Sträucher aus einer unterirdischen Wurzel heraus. Doch besonders bei den Bäumen kann man sehen, dass es bei diesen Pflanzen eine Besonderheit gibt: Bäume und Sträucher haben nämlich keine weichen Stängel, sondern verholzen. Ein Baum besteht aus der Wurzel, einem langen Stamm aus hartem Holz und der Baumkrone mit den Blättern. Laubbäume haben Laubblätter, während Nadelbäume Nadeln tragen. Über die Wurzel nimmt der Baum Wasser aus dem Boden auf. An den Blättern gibt es winzige Öffnungen, über die das Wasser wieder verdunstet. Bäume nehmen Kohlendioxid aus der Luft auf und geben Sauerstoff ab.

Baumkronenformen

kegelförmige Krone

weit ausladende Krone

kugelförmige Krone

pyramidale Krone

Blattformen

Bäume kann man anhand ihrer Form, ihrer Früchte und ihrer Blattform unterscheiden. Manche Menschen können einen Baum sogar anhand seiner Rinde oder Knospen erkennen. Aber das braucht viel Übung.

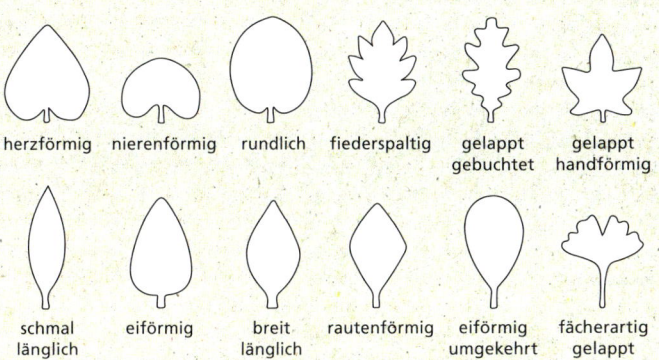

herzförmig · nierenförmig · rundlich · fiederspaltig · gelappt gebuchtet · gelappt handförmig

schmal länglich · eiförmig · breit länglich · rautenförmig · eiförmig umgekehrt · fächerartig gelappt

Bäume messen

Mit diesem einfachen Trick kannst du schätzen, wie hoch ein Baum ist. Stell dich so hin, dass du den ganzen Baum von Weitem sehen kannst. Halte dann ein Lineal vor dir in die Luft. Die untere Kante endet dort, wo der Baumstamm auf den Boden trifft. Oben kannst du ablesen, bei wie vielen Zentimetern die Baumkrone endet. Kippe nun das Lineal zur Seite, sodass es parallel zum Boden zeigt. Die untere Kante bleibt dort, wo der Baumstamm ist. Die Zentimetermarkierung von vorhin wird sich jetzt irgendwo neben dem Baum am Boden befinden. Merke dir die Stelle und geh dorthin. Wenn du jetzt die Strecke bis zum Baumstamm misst, hast du die ungefähre Höhe des Baums.

Berg-Ahorn *Acer pseudoplatanus*

Ordnung: Seifenbaumartige
Familie: Seifenbaumgewächse

Blüte	Mai
Höhe	bis 30 m
Blätter	fünflappig
Früchte	Flügelnüsse

Etwa ab August wachsen am Bergahorn die Früchte. Jeweils zwei Flügelnüsse hängen dabei aneinander. Fallen sie vom Baum, drehen sie sich umeinander und wirbeln in einer Spirale durch die Luft. Dadurch, dass sie nicht gerade zu Boden fallen, können sie sich weiter vom Baumstamm entfernen. So haben die jungen Bäumchen später genug Platz zum Wachsen.

GEFÄHRDUNG — nicht gefährdet

Feld-Ahorn *Acer campestre*

Ordnung: Seifenbaumartige
Familie: Seifenbaumgewächse

Blüte	Mai und Juni
Höhe	bis 15 m
Blätter	fünflappig
Früchte	Flügelnüsse

Der Feldahorn ist eigentlich gar kein Baum, sondern sieht eher aus wie ein Strauch. Er wächst allerdings manchmal tatsächlich zu einem Baum heran. Vor allem dann, wenn der Boden genug Nahrung liefert und auch sonst alle Bedingungen stimmen. Der Feldahorn kann dann mehr als 150 Jahre alt werden und deutlich höher werden als ein Strauch.

GEFÄHRDUNG — nicht gefährdet

Spitz-Ahorn *Acer platanoides*

Ordnung: Seifenbaumartige
Familie: Seifenbaumgewächse

Blüte	April und Mai
Höhe	bis 30 m
Blätter	fünflappig
Früchte	Flügelnüsse

Da der Spitzahorn wirklich unverwüstlich ist und auch Umweltbelastungen aushält, wird er häufig an Straßen gepflanzt. Der Spitzahorn wird nicht ganz so hoch wie der Bergahorn. Für die Verwendung in Städten und Parks gibt es verschiedene Züchtungen, von denen einige rote oder gelbe Blätter haben. Die Flügelnüsse des Ahorns wachsen paarweise.

GEFÄHRDUNG — nicht gefährdet

Rosskastanie *Aesculus hippocastanum*

Ordnung: Seifenbaumartige
Familie: Seifenbaumgewächse

Blüte	April bis Juli
Höhe	bis 30 m
Blätter	fingerförmig
Früchte	Kastanien

Die stachelige, grüne Hülle, in der im Herbst die braunen Kastanien stecken, heißen Kapselfrüchte. Sie platzen auf, wenn sie zu Boden fallen, und lassen die Samen davonkullern. Kastanienblätter sind nicht nur im Herbst braun. Manchmal wird ein Baum von der Kastanien-Miniermotte befallen, deren Larven Gänge in die Blätter fressen und diese welken lassen.

GEFÄHRDUNG — gefährdet

Rot-Buche *Fagus sylvatica*

Ordnung: Buchenartige
Familie: Buchengewächse

Blüte	April und Mai
Höhe	bis 45 m
Blätter	eiförmig
Früchte	Bucheckern

Bis zu einem Alter von etwa 30 Jahren gelten Rotbuchen als „jung". Dies ist die Zeit, in der sie schnell wachsen, aber noch keine Blüten tragen. Die Blätter der Rotbuche werden im Herbst erst orange und später rotbraun. Nicht alle fallen im Herbst zu Boden. Deshalb sieht man auch im Winter noch Rotbuchen mit einzelnen, welken Blättern an den Zweigen.

GEFÄHRDUNG — nicht gefährdet

Stiel-Eiche *Quercus robur*

Ordnung: Buchenartige
Familie: Buchengewächse

Blüte	April und Mai
Höhe	bis 40 m
Blätter	gelappt
Früchte	Eicheln

Auch wenn sie anders heißt: Die Stieleiche gehört zu den Buchengewächsen. Trotzdem wächst sie nicht so gerne neben Rotbuchen, denn die brauchen mehr Platz und Nahrung. Lieber steht sie neben Birken oder den kleineren Hainbuchen. Die können den Schatten vertragen, den die Stieleiche wirft, und nehmen ihr keinen Platz weg. So entstehen Mischwälder.

GEFÄHRDUNG — nicht gefährdet

Trauben-Eiche *Quercus petraea*

Ordnung: Buchenartige
Familie: Buchengewächse

Blüte	April und Mai
Höhe	bis 35 m
Blätter	gelappt
Früchte	Eicheln

Die Trauben-Eiche hat ihren Namen daher, dass die Eicheln dicht gedrängt in Trauben wachsen. Sie vermehrt sich nicht nur dadurch, dass die Eicheln einfach zu Boden fallen, sondern hat tierische Hilfe. Der Eichelhäher sammelt die Eicheln auf und fliegt mit ihnen davon. Dann versteckt er sie als Vorrat und vergisst ein paar. So können die Eicheln keimen.

GEFÄHRDUNG — nicht gefährdet

Hainbuche *Carpinus betulus*

Ordnung: Buchenartige
Familie: Birkengewächse

Blüte	April und Mai
Höhe	bis 25 m
Blätter	eiförmig
Früchte	geflügelte Nüsschen

Auch wenn es so klingt: Die Hainbuche ist nicht besonders eng mit der Rotbuche verwandt, sondern eher mit der Birke. Allerdings sehen sich die beiden „Buchen" schon ein wenig ähnlich: Beide haben hellgrüne Blätter, auf denen die Blattadern gleichmäßig nebeneinander her laufen. Wegen ihres hellen Holzes heißt die Hainbuche auch Weißbuche.

GEFÄHRDUNG — nicht gefährdet

Moorbirke *Betula pubescens*

Ordnung: Buchenartige
Familie: Birkengewächse

Blüte	April und Mai
Höhe	bis 30 m
Blätter	viereckig
Früchte	geflügelte Nüsschen

Moorbirken brauchen viel Licht, um zu wachsen. Deshalb sind ihre Samen besonders leicht. Sie werden mit dem Wind verweht und landen bestenfalls auf freien Flächen. Dort gibt es wenig Schatten und die kleinen Bäume können schnell in die Höhe wachsen. Moorbirken mögen nasse Böden und haben ihren Namen von ihrem bevorzugten Wachstumsort: dem Moor.

GEFÄHRDUNG — nicht gefährdet

Hängebirke *Betula pendula*

Ordnung: Buchenartige
Familie: Birkengewächse

Blüte	April und Mai
Höhe	bis 20 m
Blätter	viereckig
Früchte	geflügelte Nüsschen

Hängebirken können fast überall wachsen, Hauptsache es ist hell genug. Ihre Samen keimen sogar in den Ritzen von Gehwegplatten. Eine große Menge von Tierarten sind auf die Hängebirke als Nahrung oder Wohnort angewiesen. Bei einigen ist die Verbindung so eng, dass man sie auch im Namen sieht, zum Beispiel beim Birkenzeisig oder der Birkenwanze.

GEFÄHRDUNG — nicht gefährdet

Weißerle *Alnus incana*

Ordnung: Buchenartige
Familie: Birkengewächse

Blüte	Februar und März
Höhe	bis 15 m
Blätter	eiförmig
Früchte	geflügelte Nüsschen

Die Weißerle bildet an ihren Wurzeln kleine Knubbel, in denen sie Stickstoff speichert. Dieser Stoff kommt in der Luft vor und hilft dem Baum beim Wachsen. Die Erle arbeitet mit Bakterien zusammen, die in den Wurzeln leben und dem Baum helfen, den Stickstoff aus der Luft zu holen. Im Gegenzug erhält das Bakterium von den Wurzeln der Weißerle Nahrung.

GEFÄHRDUNG   nicht gefährdet

Schwarzerle *Alnus glutinosa*

Ordnung: Buchenartige
Familie: Birkengewächse

Blüte	Februar bis April
Höhe	bis 35 m
Blätter	rundlich
Früchte	flache Nüsschen

Schwarzerlen sind, genau wie die Weißerle, mit den Birken verwandt. Und genau wie die Weißerle bildet auch die Schwarzerle Wurzelknöllchen. Schwarzerlen leben in einer Gemeinschaft mit verschiedenen Pilzen. Diese leben unterirdisch und wachsen rund um die Wurzeln des Baumes. Erlen ohne Wurzelpilze sind häufig kränklich. Bäume mit „Fußpilz" sind gesund.

GEFÄHRDUNG — nicht gefährdet

Sommerlinde *Tilia platyphyllos*

Ordnung: Malvenartige
Familie: Malvengewächse

Blüte	Juni
Höhe	bis 40 m
Blätter	herzförmig
Früchte	Nüsschen

Die Sommerlinde sieht der verwandten Winterlinde sehr ähnlich. Doch wenn man genau hinsieht, kann man die beiden auseinanderhalten. Die Blätter der Sommerlinde haben oben und unten eine feine Behaarung. Noch deutlicher wird es an den Blüten: Die Sommerlinde bildet pro Dolde höchstens vier Blüten. Bei der Winterlinde sind es mindestens fünf.

GEFÄHRDUNG — nicht gefährdet

Winterlinde *Tilia cordata*

Ordnung: Malvenartige
Familie: Malvengewächse

Blüte	Juni und Juli
Höhe	bis 40 m
Blätter	herzförmig
Früchte	Nüsschen

Die Blätter der Winterlinde sind genauso herzförmig geformt wie die der Sommerlinde. Doch wenn man sie umdreht, entdeckt man an der Stelle, an der der Blattstiel angewachsen ist, ein besonderes Kennzeichen: In diesen Blattachseln wachsen bei der Winterlinde kleine Haarbüschel. Ihre Früchte, die Nüsschen, sind weich. Die der Sommerlinde eher hart.

GEFÄHRDUNG   nicht gefährdet

Gewöhnliche Esche *Fraxinus excelsior*

Ordnung: Lippenblütlerartige
Familie: Ölbaumgewächse

Blüte	April und Mai
Höhe	bis 40 m
Blätter	gefiedert
Früchte	Nüsschen

Die Gewöhnliche Esche gehört zu den Bäumen, die für besonders viele andere Arten wichtig sind. An einer Esche oder in einem Eschenwald leben zahlreiche andere Pflanzen, wie Moose, Kräuter oder Sträucher. Auch Pilze und Flechten gedeihen zwischen den Bäumen oder auf den Zweigen. Einige von ihnen sind auf die Esche mehr angewiesen als auf andere Bäume.

GEFÄHRDUNG — beinahe gefährdet

Ginkgo *Ginkgo biloba*

Ordnung: Ginkgoartige
Familie: Ginkgogewächse

Blüte	März
Höhe	bis 40 m
Blätter	fächerförmig
Früchte	kugelige Samen

Der Ginkgo fällt wegen seiner fächerartig geformten Blätter immer besonders auf. Viele Menschen finden ihn ungewöhnlich schön. Doch sobald der Baum Samen bildet, ändert sich das oft. Denn die kleinen Kügelchen stinken wirklich furchtbar. Das liegt daran, dass die Samen von einer Hülle umgeben sind, die – wie ranzige Butter – stinkende Buttersäure enthält.

GEFÄHRDUNG — gefährdet

Silberpappel *Populus alba*

Ordnung: Malpighienartige
Familie: Weidengewächse

Blüte	März und April
Höhe	bis 45 m
Blätter	gelappt
Früchte	Kapselfrucht

Die Silberpappel heißt auch Weißpappel, was vermutlich daran liegt, dass die Unterseite ihrer Blätter hell behaart ist. Der Baum ist überlebenswichtig für einen Schmetterling: Das Kahneulchen legt seine Eier an den Pappelblättern ab, weil die Raupen später nichts anderes fressen. Ohne den Baum könnte der Schmetterling sich also nicht fortpflanzen.

GEFÄHRDUNG — nicht gefährdet

Zitterpappel *Populus tremula*

Ordnung: Malpighienartige
Familie: Weidengewächse

Blüte	März
Höhe	bis 20 m
Blätter	rundlich
Früchte	Kapseln

Ein anderer Name für die Zitterpappel lautet Espe. Die Redewendung „zittern wie Espenlaub" stammt von den besonders geformten Blättern der Zitterpappel. Diese haben einen langen Stiel und rundliche Blattflächen. Schon bei sehr wenig Wind drehen sich die Blätter hin und her. Von Weitem sieht das so aus, als würde der Baum mit seinen Zweigen zittern.

GEFÄHRDUNG   nicht gefährdet

Schwarzpappel *Populus nigra*

Ordnung: Malpighienartige
Familie: Weidengewächse

Blüte	April
Höhe	bis 30 m
Blätter	viereckig
Früchte	Kapseln

In Deutschland ist die Schwarzpappel selten geworden. Dabei ist sie vor allem für Bienen wichtig. Diese sammeln das weiche Harz der Knospen und tragen es in ihren Stock. Dort stellen sie daraus Propolis her. Das ist ein Kleber, mit dem die Bienen Ritzen und Spalten in ihrem Stock verschließen können. Außerdem wirkt Propolis gegen Pilze und Bakterien.

GEFÄHRDUNG   unbekannt

Silberweide *Salix alba*

Ordnung: Malpighienartige
Familie: Weidengewächse

Blüte	April und Mai
Höhe	bis 35 m
Blätter	lanzettlich
Früchte	behaarte Samen

Während andere Bäume auf trockene Böden angewiesen sind, mag die Silberweide lieber einen nassen Untergrund. Sie wächst sogar am besten dort, wo ein Fluss ab und zu über die Ufer tritt. Silberweiden wachsen gerne in der Nähe von Wasser, wodurch sie einigen Tieren besonders nützlich sind. Der Biber zum Beispiel frisst sehr gerne die Blätter der Weide.

GEFÄHRDUNG — nicht gefährdet

Feldulme *Ulmus minor*

Ordnung: Rosenartige
Familie: Ulmengewächse

Blüte	März und April
Höhe	bis 30 m
Blätter	eiförmig
Früchte	geflügelte Nüsschen

Lange Zeit fragten sich die Menschen, warum in manchen Gegenden auf einmal so viele Feldulmen starben. Zwei Forscherinnen kamen dann dem Geheimnis auf die Spur. Ein Pilz war es, der besonders alte Bäume befallen hatte und diese schädigte. Normalerweise können Ulmen mehrere Hundert Jahre alt werden – wenn sie sich keine Pilzkrankheit einfangen.

GEFÄHRDUNG   nicht gefährdet

Flatterulme *Ulmus laevis*

Ordnung: Rosenartige
Familie: Ulmengewächse

Blüte	März
Höhe	bis 35 m
Blätter	eiförmig
Früchte	geflügelte Nüsschen

Manchmal läuft man durch einen Ulmenwald und wundert sich. Die Baumwurzeln sehen aus wie in einem tropischen Regenwald. Das liegt daran, dass die Flatterulme, genau wie ein Regenwaldbaum, besondere Wurzeln bilden kann. Diese Brettwurzeln beginnen schon über der Erde am Stamm und sorgen dafür, dass die Ulme auch auf nassen Böden besonders stabil steht.

GEFÄHRDUNG — nicht gefährdet

Bergulme *Ulmus glabra*

Ordnung: Rosenartige
Familie: Ulmengewächse

Blüte	März und April
Höhe	bis 40 m
Blätter	eiförmig
Früchte	geflügelte Nüsschen

Die Blüten der Bergulme kommen im Frühjahr zum Vorschein und produzieren nur wenig Nektar. Trotzdem reicht der süße Saft aus, um Insekten anzulocken. In ihrem Pelz gelangt der Pollen des Baums an andere Blüten und sorgt dafür, dass dort Samen gebildet werden können. Bienen fressen den Pollen der Bergulme oder nehmen ihn mit in ihren Stock.

GEFÄHRDUNG — gefährdet

Vogelkirsche *Prunus avium*

Ordnung: Rosenartige
Familie: Rosengewächse

Blüte	April und Mai
Höhe	bis 20 m
Blätter	elliptisch
Früchte	Steinfrucht

Nicht nur Vögel, auch Menschen essen gern die süßen Früchte der Vogelkirsche. Und beide – Vögel und Menschen – entfernen vorher den harten Kirschkern. Nur Vögel mit einem sehr kräftigen Schnabel, wie der Kernbeißer, halten sich damit nicht auf. Sie knacken einfach den Kern und fressen das weiche Innere. Wilde Vogelkirschen haben dunkle Früchte.

GEFÄHRDUNG   nicht gefährdet

Gewöhnliche Traubenkirsche
Prunus padus

Ordnung: Rosenartige
Familie: Rosengewächse

Blüte	April bis Juni
Höhe	bis 15 m
Blätter	lanzettlich
Früchte	Steinfrucht

Wer eine Gewöhnliche Traubenkirsche sieht, weiß, dass sich im Boden wahrscheinlich Grundwasser befindet. Denn die Traubenkirsche heißt nicht umsonst auch Sumpfkirsche. Der Baum wächst nie auf trockenen Böden, sondern immer dort, wo es feucht ist. Traubenkirschen stehen gern allein und kommen in sumpfigen Wäldern oder auf nassen Wiesen vor.

GEFÄHRDUNG — nicht gefährdet

Eberesche *Sorbus aucuparia*

Ordnung: Rosenartige
Familie: Rosengewächse

Blüte	Mai bis Juli
Höhe	bis 15 m
Blätter	gefiedert
Früchte	Apfelfrüchte

Die Früchte der Eberesche leuchten schon von Weitem herrlich rot. Sie sehen aus wie kleine Beeren und geben dem Baum den Namen „Vogelbeere". Vögel schätzen die Beeren als Nahrung. Das nützt auch dem Baum, denn wenn die Vögel die Früchte fressen, verschlucken sie auch die Samen darin und scheiden sie an anderer Stelle wieder aus.

GEFÄHRDUNG — nicht gefährdet

Speierling *Sorbus domestica*

Ordnung: Rosenartige
Familie: Rosengewächse

Blüte	Mai und Juni
Höhe	bis 25 m
Blätter	gefiedert
Früchte	Apfelfrüchte

Die meisten Bäume bilden im Herbst Früchte und Samen, mit denen sie sich vermehren. Der Speierling hat einen anderen Weg gefunden, sich fortzupflanzen. Einige seiner Wurzeln wachsen dicht unter dem Boden entlang und bilden kleine Ausläufer. Aus diesen werden dann neue Bäume. Durch Samen breitet sich der Speierling so gut wie nie aus.

GEFÄHRDUNG — nicht gefährdet

Gewöhnliche Mehlbeere *Sorbus aria*

Ordnung: Rosenartige
Familie: Rosengewächse

Blüte	Mai und Juni
Höhe	bis 10 m
Blätter	lanzettlich
Früchte	Apfelfrüchte

Echte Mehlbeeren wachsen nie mit anderen Echten Mehlbeeren zusammen. Jeder Baum steht einzeln zwischen Bäumen anderer Arten. Die Früchte des Baumes sehen denen der Eberesche ein wenig ähnlich. Sie bleiben häufig den ganzen Winter über am Ast hängen und fallen erst im folgenden Frühjahr zu Boden. Wenn die Temperatur weiter steigt, keimen sie.

GEFÄHRDUNG — nicht gefährdet

Elsbeere *Sorbus torminalis*

Ordnung: Rosenartige
Familie: Rosengewächse

Blüte	Mai bis Juli
Höhe	bis 25 m
Blätter	gelappt
Früchte	Apfelfrüchte

Die Früchte der Elsbeere erscheinen im Herbst. Dann sind sie zuerst dunkelgrün und später braun. Das bedeutet nicht, dass sie faulen, sondern im Gegenteil: Die braune Farbe zeigt, dass die Früchte reif sind. Man kann aus ihnen Schnaps oder Marmelade machen – wenn man sie rechtzeitig erntet. Denn auch Vögel fressen die reifen Beeren gerne.

GEFÄHRDUNG — nicht gefährdet

Weißtanne *Abies alba*

Ordnung: Koniferen
Familie: Kieferngewächse

Blüte	April bis Juni
Höhe	bis 50 m
Blätter	Nadeln
Früchte	geflügelte Samen

Um sich zu vermehren, bildet die Weißtanne ab April Blütenzapfen aus. Solche Zapfen wachsen bei Nadelbäumen anstelle von bunten Blüten und können männlich oder weiblich sein. Bei der Weißtanne wachsen beide Arten von Zapfen auf einem Baum. Die männlichen Zapfen bilden Pollen, der mit dem Wind zu den weiblichen Zapfen getragen wird und sie befruchtet.

GEFÄHRDUNG **nicht gefährdet**

Gemeine Fichte *Picea abies*

Ordnung: Koniferen
Familie: Kieferngewächse

Blüte	Mai und Juni
Höhe	bis 40 m
Blätter	Nadeln
Früchte	geflügelte Samen

Die Zapfen der Gemeinen Fichte werden bis zu 15 cm lang und haben eine schmale Form. Im Gegensatz zu anderen Nadelbäumen wie der Tanne wirft die Fichte ihre Zapfen ab. Zuvor heben sich aber die einzelnen Schuppen der Zapfen, damit die Samen herausfallen können. Diese haben dünne Flügel, mit denen sie spiralförmig zu Boden sinken und sich verbreiten.

GEFÄHRDUNG — nicht gefährdet

Lärche *Larix decidua*

Ordnung: Koniferen
Familie: Kieferngewächse

Blüte	März bis Mai
Höhe	bis 50 m
Blätter	Nadeln
Früchte	geflügelte Samen

Anstelle von Blüten hat die Lärche Zapfen. Die weiblichen Zapfen färben sich zur Blütezeit rosa oder rot und werden erst später braun. Einen Lärchenzweig erkennt man daran, dass die Nadeln in Büscheln wachsen. Im Gegensatz zu vielen anderen Nadelbäumen behält die Lärche ihre Nadeln im Winter nicht am Baum, sondern wirft sie im Herbst ab.

GEFÄHRDUNG — nicht gefährdet

Waldkiefer *Pinus sylvestris*

Ordnung: Koniferen
Familie: Kieferngewächse

Blüte	April und Mai
Höhe	bis 45 m
Blätter	Nadeln
Früchte	geflügelte Samen

An den Zapfen der Waldkiefer kann man ablesen, wie das Wetter ist. Bei Regen saugen sie sich von außen voll Wasser und drücken damit den Zapfen zusammen. Geschlossene Kiefernzapfen sieht man also bei Regenwetter. Wird es sonnig, trocknen die Zapfen und öffnen sich. Ein offener Kiefernzapfen schließt sich allerdings auch in einer Schüssel Wasser.

GEFÄHRDUNG — nicht gefährdet

Zirbelkiefer *Pinus cembra*

Ordnung: Koniferen
Familie: Kieferngewächse

Blüte	Mai bis Juli
Höhe	bis 25 m
Blätter	Nadeln
Früchte	Samen

Zirbelkiefern gedeihen selbst auf felsigen Böden. Im Gebirge findet man manchmal sogar Felsen mit einer einzelnen Zirbelkiefer auf der Spitze. Die Samen der Kiefer sind die Hauptnahrung des Tannenhähers. Dieser Vogel versteckt seine Nahrung und hilft damit, die Zirbelkiefer zu verbreiten. Es kommt nämlich vor, dass er ein paar in ihrem Versteck vergisst.

GEFÄHRDUNG   nicht gefährdet

Bergkiefer *Pinus mugo*

Ordnung: Koniferen
Familie: Kieferngewächse

Blüte	Juni und Juli
Höhe	bis 3 m
Blätter	Nadeln
Früchte	geflügelte Samen

Eine Form der Bergkiefer ist die sogenannte Latschenkiefer. Sie wächst zum Beispiel in den Alpen und wird dort nur etwa drei Meter hoch. Die Kiefern wachsen hier dicht nebeneinander und bilden eng miteinander verflochtene Gebüsche. Gemeinsam widerstehen die Bäume so schweren Regenfällen, dichtem Schneetreiben oder sogar Lawinen.

GEFÄHRDUNG — nicht gefährdet

Eibe *Taxus baccata*

Ordnung: Koniferen
Familie: Kieferngewächse

Blüte	Februar und März
Höhe	bis 15 m
Blätter	Nadeln
Früchte	rot umhüllte Samen

An einer Eibe ist alles giftig: Nadeln, Rinde und Samen. Nur die rote Samenhülle nicht. Sie leuchtet schon von Weitem und lockt zahlreiche Vögel an. Menschen sollten sich die Hände waschen, wenn sie eine Eibe angefasst haben. Vögel können die roten Hüllen samt den giftigen Samen fressen. Er wird nämlich einfach unverdaut wieder ausgeschieden.

GEFÄHRDUNG — nicht gefährdet

Wacholder *Juniperus communis*

Ordnung: Koniferen
Familie: Kieferngewächse

Blüte	April bis Juni
Höhe	bis 15 m
Blätter	Nadeln
Früchte	beerenförmiger Zapfen

Wenn der Wacholder ausgewachsen ist, sieht er häufig lang und schmal aus. Seine Früchte, die Wacholderbeeren, können als Gewürz genutzt werden, sind jedoch auch ein beliebtes Futter für Vögel. Die Wacholderdrossel frisst sie besonders gern. Im Magen des Vogels passiert den Samen nichts. Sie gelangen zusammen mit dem Kot an anderer Stelle auf den Boden.

GEFÄHRDUNG — nicht gefährdet

Gewöhnliche Waldrebe
Clematis vitalba

Ordnung: Hahnenfußartige
Familie: Hahnenfußgewächse

Blüte	Juli bis September
Höhe	bis 10 m
Blätter	gefiedert
Füchte	Nüsschen

Die Waldrebe ist eine Kletterpflanze, die sich nicht nur an Zäunen und Mauern, sondern auch an anderen Pflanzen entlang ranken kann. Für Bäume oder Sträucher ist es nicht besonders günstig, wenn eine Waldrebe neben ihnen wächst. Denn die Stängel und Blätter der rankenden Rebe sind so schwer, dass sie andere Pflanzen regelrecht erdrücken können.

GEFÄHRDUNG — nicht gefährdet

Haselstrauch *Corylus avellana*

Ordnung: Buchenartige
Familie: Birkengewächse

Blüte	Februar und März
Höhe	bis 10 m
Blätter	rundlich
Früchte	Nüsse

Die Früchte des Haselstrauchs, die Haselnüsse, stecken in einer Hülle aus Blättern. Zu Beginn der Reifezeit sind sowohl die Nuss als auch die Blätter noch hellgrün. Später färben sie sich braun. Der Nusskern in der harten Schale enthält viel Öl und ist deshalb eine beliebte Nahrung für Eichhörnchen. Diese lernen als Jungtier, wie man eine Nuss knackt.

GEFÄHRDUNG — nicht gefährdet

Salweide *Salix caprea*

Ordnung: Malpighienartige
Familie: Weidengewächse

Blüte	März und April
Höhe	bis 10 m
Blätter	elliptisch
Früchte	Samen mit Anhang

Anders als Blütenpflanzen haben Bäume meist keine Blüten mit bunten Blättern. Die Blüten der Salweide tauchen im Frühjahr auf und sehen aus wie kleine behaarte Knospen. Diese „Weidenkätzchen" können männlich oder weiblich sein und verändern erst später ihre Form. Weibliche Blüten sehen aus wie längliche, stachelige Raupen, Männliche wie gelbe Ovale.

GEFÄHRDUNG — nicht gefährdet

Korbweide *Salix viminalis*

Ordnung: Malpighienartige
Familie: Weidengewächse

Blüte	März und April
Höhe	bis 8 m
Blätter	lanzettlich
Früchte	Samen mit Anhang

Korbweiden wachsen fast nie als Bäume, sondern eher als Sträucher. Ihre langen Zweige sind so biegsam und stabil, dass sie zum Flechten von Körben geeignet sind. Früher wurde das so häufig gemacht, dass die Korbweide daher sogar ihren Namen bekam. Auch heute noch ist das Korbflechten ein kompliziertes Handwerk. Es wird aber nur noch selten ausgeübt.

GEFÄHRDUNG — nicht gefährdet

Purpurweide *Salix purpurea*

Ordnung: Malpighienartige
Familie: Weidengewächse

Blüte	März und April
Höhe	bis 6 m
Blätter	lanzettlich
Früchte	Samen mit Anhang

Purpurweiden wachsen als Strauch. Ihre Zweige verfärben sich im Laufe des Wachstums rot oder braun, was der Pflanze ihren Namen gab. Wie andere Weiden bildet auch die Purpurweide zur Blütezeit Weidenkätzchen aus. Die Samen, die später daraus entstehen, tragen Haare, die ihnen helfen, sich im Wind oder im Fell von Tieren zu verbreiten.

GEFÄHRDUNG nicht gefährdet

Heckenrose *Rosa corymbifera*

Ordnung: Rosenartige
Familie: Rosengewächse

Blüte	Juni
Höhe	bis 3 m
Blätter	gefiedert
Früchte	Hagebutte

Die Heckenrose wächst zu großen Büschen heran und trägt auffällige Blüten, aus denen im Herbst die roten Früchte erscheinen. Diese werden „Hagebutten" genannt und dienen vielen verschiedenen Tieren als Nahrung. Die rote Hülle der Frucht wird verdaut, aber ihre Samen werden wieder ausgeschieden. Diese Methode nennt man auch Verdauungsausbreitung.

GEFÄHRDUNG — nicht gefährdet

Dünenrose *Rosa spinosissima*

Ordnung: Rosenartige
Familie: Rosengewächse

Blüte	Mai und Juni
Höhe	bis 2 m
Blätter	gefiedert
Früchte	Hagebutte

Die Wurzeln der Dünenrose wachsen unter der Erde als Ausläufer weiter. Auf diese Weise breitet sich die Pflanze weit aus und wächst in großen Gruppen – häufig tatsächlich an Küstendünen. Wie einige andere Rosengewächse trägt auch die Dünenrose im Herbst Hagebutten. Ihre jedoch haben eine Besonderheit: Die Hagebutten sind fast schwarz.

GEFÄHRDUNG — nicht gefährdet

Brombeere *Rubus sp.*

Ordnung: Rosenartige
Familie: Rosengewächse

Blüte	Mai bis August
Höhe	bis 5 m
Blätter	gefiedert
Früchte	Sammelsteinfrüchte

Die Früchte der Brombeere bestehen aus vielen kleinen Einzelfrüchten, die eng zusammenhängen. Deshalb beißt man beim Essen einer „Brombeere" auch viele kleine Samen. Die Pflanze kann sich an anderen Pflanzen hochranken und diese sogar überwuchern. Sie klemmt dafür einfach ihre Äste zwischen die Zweige der anderen Pflanze und schiebt diese beiseite.

GEFÄHRDUNG — **nicht gefährdet**

Ackerbeere *Rubus caesius*

Ordnung: Rosenartige
Familie: Rosengewächse

Blüte	Juni und Juli
Höhe	bis 1 m
Blätter	gefiedert
Früchte	Sammelsteinfrüchte

Die Früchte der Acker- oder Kratzbeere sehen denen der Brombeere ziemlich ähnlich. Allerdings bestehen sie aus viel weniger Einzelfrüchten. Die dunkle Farbe haben sie nur im reifen Zustand. Dann schmecken sie etwas säuerlich und werden gerne von verschiedenen Tieren gefressen. Ackerbeeren vertragen feuchte Erde und wachsen auch an Fluss- oder Teichufern.

GEFÄHRDUNG nicht gefährdet

Himbeere *Rubus idaeus*

Ordnung: Rosenartige
Familie: Rosengewächse

Blüte	Mai bis August
Höhe	bis 2 m
Blätter	gefiedert
Früchte	Sammelsteinfrüchte

Der Nektar einer Himbeerpflanze enthält sehr viel Zucker. Daher eignet er sich gut als Nahrung für Hummeln oder Honigbienen. Auch Menschen mögen die Himbeere – allerdings eher die Beeren, die später im Jahr aus den befruchteten Blüten entstehen. Die sind streng genommen eigentlich Sammelsteinfrüchte, wie auch die „Brombeere". Lecker sind sie trotzdem.

GEFÄHRDUNG — nicht gefährdet

Eingriffeliger Weißdorn
Crataegus monogyna

Ordnung: Rosenartige
Familie: Rosengewächse

Blüte	Mai und Juni
Höhe	bis 10 m
Blätter	gelappt
Früchte	Apfelfrüchte

Für viele Tierarten ist der Eingriffelige Weißdorn ein Alleskönner. Im Frühling verströmen seine Blüten einen intensiven Duft, der Bienen anlockt. Diese Insekten finden hier viel Nahrung. Im Sommer ist er ein guter Unterschlupf für Vögel. Hier können sie geschützte Nester bauen. Und im Herbst liefert die Pflanze den Vögeln nahrhafte Früchte.

GEFÄHRDUNG   nicht gefährdet

Zweigriffeliger Weißdorn
Crataegus laevigata

Ordnung: Rosenartige
Familie: Rosengewächse

Blüte	Mai
Höhe	bis 10 m
Blätter	gelappt
Früchte	Apfelfrüchte

Die Blüten des Zweigriffeligen Weißdorns verströmen einen Geruch, den wohl nur Insekten angenehm finden. Für die menschliche Nase riechen sie eher nach Fisch. Bienen und Hummeln scheint das nichts auszumachen. Im Gegenteil: Sie nutzen die kurze Blütezeit der Pflanze, um so viel Nektar wie möglich zu sammeln. Im Herbst fressen Vögel die roten Früchte.

GEFÄHRDUNG — nicht gefährdet

Gewöhnliche Felsenbirne
Amelanchier ovalis

Ordnung: Rosenartige
Familie: Rosengewächse

Blüte	April und Mai
Höhe	bis 4 m
Blätter	eiförmig
Früchte	Apfelfrüchte

Im Herbst und Winter sind die Blätter der Felsenbirne rot oder orange gefärbt. Neue, grüne Blätter wachsen erst im Frühjahr, aber zuerst öffnen sich an den Ästen der Felsenbirne die weißen Blüten. Das neue Laub folgt erst danach, ebenso wie die Früchte, welche erst im Herbst auftauchen. Felsenbirnen haben kleine, dunkelrot bis schwarzblau gefärbte Früchte.

GEFÄHRDUNG — nicht gefährdet

Schlehe *Prunus spinosa*

Ordnung: Rosenartige
Familie: Rosengewächse

Blüte	März und April
Höhe	bis 5 m
Blätter	keilförmig
Früchte	Steinfrüchte

Die Äste der Schlehe tragen dornenartige, kurze Äste. Die entstehen eigentlich daher, dass die Schlehe ein paar Zweige kürzer wachsen lässt und dadurch besser mit wenig Wasser auskommt. Doch die spitzen Dornen sind auch ein guter Schutz gegen Tiere, die die Schlehenblätter fressen wollen. Vögel suchen zwischen den stacheligen Ästen Schutz.

GEFÄHRDUNG — nicht gefährdet

Holzbirne *Pyrus pyraster*

Ordnung: Rosenartige
Familie: Rosengewächse

Blüte	April und Mai
Höhe	bis 18 m
Blätter	oval
Früchte	Apfelfrüchte

Die Holzbirne heißt auch Wildbirne. Anders als die Zuchtbirnen, die man im Supermarkt kaufen kann, haben die Früchte der Wildbirne viele harte Stellen. Daher stammt vermutlich auch der Name „Holzbirne". Die Zweige des Birnbaums tragen Dornen. Bei den Zuchtbäumen ist dieses Merkmal weggezüchtet, damit man sich beim Ernten der Früchte nicht verletzt.

GEFÄHRDUNG — nicht gefährdet

Holzapfel *Malus sylvestris*

Ordnung: Rosenartige
Familie: Rosengewächse

Blüte	April und Mai
Höhe	bis 10 m
Blätter	rundlich
Früchte	Apfelfrucht

Die Äpfel des Holzapfels sind nur so groß wie Tischtennisbälle und auch viel härter als ein Zuchtapfel aus dem Supermarkt. Die Früchte der wilden Bäume schmecken nicht besonders süß und müssen vor dem Essen gekocht werden. Wissenschaftler haben herausgefunden, dass schon die Menschen in der Steinzeit Holzäpfel gesammelt und zubereitet haben.

GEFÄHRDUNG — nicht gefährdet

Faulbaum *Frangula alnus*

Ordnung: Rosenartige
Familie: Kreuzdorngewächse

Blüte	Mai und Juni
Höhe	bis 4 m
Blätter	elliptisch
Früchte	Steinfrüchte

Wenn es im Sommer um den Faulbaum herum von Zitronenfaltern nur so wimmelt, ist das kein Zufall. Die Schmetterlinge suchen sich den Baum nämlich gezielt aus, um dort ihre Eier abzulegen. Zitronenfalter-Raupen fressen nämlich nichts lieber als Faulbaum-Blätter. Wenn aus den Raupen Schmetterlinge werden, starten sie von den Ästen aus zum ersten Flug.

GEFÄHRDUNG — nicht gefährdet

Purgier-Kreuzdorn *Rhamnus cathartica*

Ordnung: Rosenartige
Familie: Kreuzdorngewächse

Blüte	Mai und Juni
Höhe	bis 6 m
Blätter	elliptisch
Früchte	Steinfrüchte

Das Wort „purgieren" bedeutet so viel wie „säubern". In der Medizin benutzt man es, wenn man sagen möchte, dass ein Patient seinen Darm leeren muss. Der Purgier-Kreuzdorn hat seinen Namen von seinen Beeren. Isst man sie getrocknet, muss man danach sehr schnell aufs Klo. Zu eklig? Stimmt. Außerdem wirken zu viele Beeren giftig. Also Finger weg!

GEFÄHRDUNG — nicht gefährdet

Sanddorn *Hippophae rhamnoides*

Ordnung: Rosenartige
Familie: Ölweidengewächse

Blüte	März bis Mai
Höhe	bis 6 m
Blätter	lanzettlich
Früchte	Schein-Steinfrüchte

Der Sanddorn wächst gut auf Sandböden. Deshalb sieht man ihn häufig beim Spaziergang in den Dünen. Die kleinen orange gefärbten Sanddorn-Früchte sind sehr gesund, denn sie enthalten viel Vitamin C. Um sie vom Strauch herunter zu kriegen, muss man vorsichtig sein, denn die Äste haben Dornen. Zur Ernte schüttelt man am besten die Zweige.

GEFÄHRDUNG — nicht gefährdet

Alpenjohannisbeere *Ribes alpinum*

Ordnung: Steinbrechartige
Familie: Stachelbeergewächse

Blüte	April und Mai
Höhe	bis 2 m
Blätter	rundlich
Früchte	Beeren

Die Alpenjohannisbeere wächst wild in Bergwäldern oder auf Gebirgswiesen. Sie teilt sich ihren Platz gerne mit Bäumen oder anderen Sträuchern. Da sie aber auch Schadstoffe gut vertragen kann, findet man die Alpenjohannisbeere manchmal am Seitenstreifen von Straßen. Sie sieht hübsch aus, aber ihre roten Beeren schmecken nicht besonders gut.

GEFÄHRDUNG — nicht gefährdet

Rote Johannisbeere *Ribes rubrum*

Ordnung: Steinbrechartige
Familie: Stachelbeergewächse

Blüte	April und Mai
Höhe	bis 2 m
Blätter	rundlich
Früchte	Beeren

Die Rote Johannisbeere kann auf trockenen Böden nicht gut wachsen. Doch solange sie genug Wasser bekommt, bildet sie im Sommer viele rote Beeren. Bei uns findet man diese häufig im Supermarkt. Es ist allerdings auch gar nicht so schwer, eine Johannisbeer-Pflanze im Garten zu pflegen. Die Johannisbeeren schmecken nicht süß, sondern eher säuerlich.

GEFÄHRDUNG — nicht gefährdet

Schwarze Johannisbeere
Ribes nigrum

Ordnung: Steinbrechartige
Familie: Stachelbeergewächse

Blüte	April und Mai
Höhe	bis 2 m
Blätter	mehrlappig
Früchte	Beeren

Im Gegensatz zur bekannten Roten Johannisbeere wächst die Schwarze Johannisbeere auch auf trockenen Böden gut. Sie kommt wild in Wäldern und Gebüschen vor, wird aber auch in Gärten angepflanzt. Aus den Beeren der Pflanze machte man schon im Mittelalter Marmelade oder Sirup. Da sie sehr viel Vitamin C enthalten, gelten die Beeren als sehr gesund.

GEFÄHRDUNG — nicht gefährdet

Stechginster *Ulex europaeus*

Ordnung: Schmetterlingsblütenartige
Familie: Hülsenfrüchtler

Blüte	April bis Juli
Höhe	bis 2 m
Blätter	Nadeln
Früchte	Hülsenfrüchte

Nicht umsonst hat der Stechginster so einen stacheligen Namen. Seine Blätter sind zu spitzen Nadeln umgebildet und zusätzlich wachsen an den Ästen noch Dornen. Dieser ganze Aufwand ist dafür gedacht, die Pflanze vor dem Gefressenwerden zu schützen. Meistens klappt das auch ganz gut. Außer bei Ziegen. Die trauen sich trotzdem an die Zweige heran.

GEFÄHRDUNG — nicht gefährdet

Besenginster *Cytisus scoparius*

Ordnung: Schmetterlingsblütenartige
Familie: Hülsenfrüchtler

Blüte	Mai und Juni
Höhe	bis 3 m
Blätter	eiförmig
Früchte	Hülsenfrüchte

Die Blüten des Besenginsters sitzen überall auf den langen Zweigen. Sie haben eine besondere Form, die dafür sorgt, dass eine anfliegende Hummel sie ganz leicht befruchten kann. Hummeln tragen in ihrem Pelz den Pollen anderer Ginsterblüten. Landen sie auf einer weiteren, legt sich diese ganz eng um den Hummelkörper und streift den Pollen dabei ab.

GEFÄHRDUNG — nicht gefährdet

Alpengoldregen *Laburnum alpinum*

Ordnung: Schmetterlingsblütenartige
Familie: Hülsenfrüchtler

Blüte	April bis Juni
Höhe	bis 5 m
Blätter	elliptisch
Früchte	Hülsenfrüchte

Goldregen ist giftig. Das ist wichtig zu wissen, denn die hohen Sträucher werden wegen ihrer hübschen Blüten häufig in Gärten angepflanzt. Die gelben Blütentrauben hängen von den Zweigen herunter und sind dadurch für Bienen und Käfer leicht zu erreichen. Angelockt werden die Insekten durch die gelbe Farbe, denn die Blüten haben keinen starken Duft.

GEFÄHRDUNG — nicht gefährdet

Seidelbast *Daphne mezereum*

Ordnung: Malvenartige
Familie: Seidelbastgewächse

Blüte	Februar bis April
Höhe	bis 1 m
Blätter	lanzettlich
Früchte	Steinfrucht

Der Seidelbast ist etwas Besonderes, denn er hat ein Merkmal, das sonst eher Pflanzen in Tropenwäldern haben. Seine Blüten wachsen nicht an Zweigen, sondern direkt aus dem Hauptzweig heraus. Sie sind leuchtend pink und duften stark. Wenn eine Blüte verblüht, hinterlässt sie am Stamm eine kleine Narbe. Die neuen Blüten wachsen später genau darüber.

GEFÄHRDUNG — nicht gefährdet

Alpenseidelbast *Daphne alpina*

Ordnung: Malvenartige
Familie: Seidelbastgewächse

Blüte	Mai und Juni
Höhe	bis 1 m
Blätter	lanzettlich
Früchte	Steinfrüchte

Nicht viele Pflanzen können zwischen Felsen und auf Schutt wachsen, doch der Alpenseidelbast schafft das spielend. Er gedeiht auch in großen Höhen und wächst dort zu niedrigen Sträuchern heran. Seine Blüten wachsen nicht verstreut, sondern meistens zu mehreren nebeneinander. Auch wenn er harmlos aussieht: Der Alpenseidelbast enthält Giftstoffe.

GEFÄHRDUNG — nicht gefährdet

Pfaffenhütchen *Euonymus europaeus*

Ordnung: Spindelbaumartige
Familie: Spindelbaumgewächse

Blüte	Mai und Juni
Höhe	bis 5 m
Blätter	lanzettlich
Früchte	Kapselfrüchte

Die Blüten des Pfaffenhütchens sind weiß und ziemlich unauffällig. Doch im Herbst bildet die Pflanze leuchtend pink gefärbte Früchte, die man wirklich nicht übersehen kann. Ihre Form erinnerte die Menschen früher an den Hut eines „Pfaffen" – eines Kirchenmannes. Vermutlich bekam das Pfaffenhütchen so seinen Namen. Jede Frucht besteht aus vier Teilen.

GEFÄHRDUNG — nicht gefährdet

Rostblättrige Alpenrose
Rhododendron ferrugineum alpinum

Ordnung: Heidekrautartige
Familie: Heidekrautgewächse

Blüte	Mai bis Juli
Höhe	bis 1 m
Blätter	lanzettlich
Früchte	Kapselfrüchte

Wenn es einen Strauch gibt, der langsam wächst, dann ist es die Rostblättrige Alpenrose. Eine hundertjährige Pflanze hat trotzdem noch sehr dünne Äste. Die auffälligen Blüten stehen in Dolden zusammen und verwandeln sich im Herbst in grüne Kapselfrüchte. Wenn die Kapseln reif sind, werden sie braun. Dann platzen sie auf und entlassen die Samen.

GEFÄHRDUNG — nicht gefährdet

Bewimperte Alpenrose
Rhododendron hirsutum

Ordnung: Heidekrautartige
Familie: Heidekrautgewächse

Blüte	Mai bis Juli
Höhe	bis 1 m
Blätter	lanzettlich
Früchte	Kapselfrüchte

Jedes Laubblatt der Bewimperten Alpenrose ist von einem langen Haarkranz umrandet. Deshalb erhielt sie auch den Beinamen „Behaarte Alpenrose". Im Gegensatz zur Rostblättrigen Alpenrose hat diese Art eine grüne Blattunterseite. Sie wächst nur dort, wo der Boden eine Menge Kalk enthält. Kühe vergiften sich manchmal an der Pflanze.

GEFÄHRDUNG — nicht gefährdet

Rauschbeere *Vaccinium uliginosum*

Ordnung: Heidekrautartige
Familie: Heidekrautgewächse

Blüte	Mai und Juni
Höhe	bis 1 m
Blätter	oval
Früchte	Beeren

Die blauen Beeren der Rauschbeere sollte man nicht essen, denn sie rufen Schwindelgefühle und Vergiftungen hervor. Es ist noch nicht bekannt, ob diese Wirkung von den Beeren selbst stammt oder vielleicht von einem Pilz, der gerne auf ihnen wächst. Nachtfalter haben jedenfalls kein Problem mit der Pflanze. Sie legen auf ihr gerne ihre Eier ab.

GEFÄHRDUNG — nicht gefährdet

Heidelbeere *Vaccinium myrtillus*

Ordnung: Heidekrautartige
Familie: Heidekrautgewächse

Blüte	April bis Juni
Höhe	bis 60 cm
Blätter	eiförmig
Früchte	Beeren

Heidelbeeren wachsen wild, aber ihre Früchte sind auch in fast jedem Supermarkt zu finden. Sie schmecken süß und enthalten viele gesunde Inhaltsstoffe. Daher dienen sie nicht nur Menschen als Nahrung. Wild wachsende Heidelbeer-Pflanzen werden ab und zu von Füchsen oder Vögeln vernascht. Auch viele Falter besuchen im Sommer die Blüten der Heidelbeere.

GEFÄHRDUNG nicht gefährdet

Preiselbeere *Vaccinium vitis-idaea*

Ordnung: Heidekrautartige
Familie: Heidekrautgewächse

Blüte	Mai bis August
Höhe	bis 30 cm
Blätter	elliptisch
Früchte	Beeren

Die Preiselbeere ist nicht zu verwechseln mit der „Cranberry",
die man häufig im Supermarkt findet. Sie wächst wild, aber
auch in Gärten und kann sogar starken Frost überstehen. Dafür
braucht sie aber Schnee. Dieser legt sich dann wie eine dicke
Decke über die Pflanze und hält dadurch – kurioserweise – den
stärksten Frost von ihr ab.

GEFÄHRDUNG — nicht gefährdet

Gewöhnliche Moosbeere
Vaccinium oxycoccos

Ordnung: Heidekrautartige
Familie: Heidekrautgewächse

Blüte	Mai bis August
Höhe	bis 5 cm
Blätter	lanzettlich
Früchte	Beeren

Selbst im Herbst und im Winter wirft die Gewöhnliche Moosbeere ihre Blätter nicht ab. Sie ist „immergrün". Die Beeren der Pflanze können hellgelb, rot oder gefleckt sein. Sie bleiben häufig den Winter über am Zweig hängen und werden durch die Kälte weicher. Erst danach werden sie von vielen Tieren gefressen und durch ihre Ausscheidungen verbreitet.

GEFÄHRDUNG — nicht gefährdet

Besenheide *Calluna vulgaris*

Ordnung: Heidekrautartige
Familie: Heidekrautgewächse

Blüte	Juli bis Oktober
Höhe	bis 1 m
Blätter	oval
Früchte	Kapselfrucht

Wenn die Blüten der anderen Pflanzen langsam verblühen, fängt die Besenheide gerade erst an. Ihren Namen „Heidekraut" hat die Pflanze daher, dass sie in der Heide, aber auch in Mooren und Wäldern wächst. Die kleinen Blüten der Pflanzen sehen dann von Weitem wie ein dichter, lilafarbener Teppich aus. Für diese Farbenpracht ist die Heide berühmt.

GEFÄHRDUNG — nicht gefährdet

Schneeheide *Erica carnea*

Ordnung: Heidekrautartige
Familie: Heidekrautgewächse

Blüte	Januar bis April
Höhe	bis 30 cm
Blätter	Nadeln
Früchte	Kapselfrüchte

Kaum eine Pflanze schafft es, so früh im Jahr Blüten hervorzubringen. Die Schneeheide blüht selbst im Schnee und ist daher eine wichtige Anflugstelle für alle Falter und Bienen, die aus der Winterruhe kommen. Auch wenn die Schneeheide der Besenheide ein wenig ähnlich sieht, kann man sie an den Blättern unterscheiden: Die Schneeheide hat Nadeln.

GEFÄHRDUNG — nicht gefährdet

Glockenheide *Erica tetralix*

Ordnung: Heidekrautartige
Familie: Heidekrautgewächse

Blüte	Juni bis September
Höhe	bis 50 cm
Blätter	Nadeln
Früchte	Kapselfrüchte

Auch wenn die Blüten der Glockenheide weithin zu sehen sind, werden sie kaum von Bienen oder Hummeln besucht. Die Glockenheide hat nämlich bereits eigene Insekten als Mitbewohner. Winzige Gewittertierchen legen ihre Eier in der Blüte ab und lassen ihre Larven dort heranwachsen. Lernen diese fliegen, nehmen sie den Pollen mit zu einer anderen Blüte.

GEFÄHRDUNG — nicht gefährdet

Schwarze Krähenbeere
Empetrum nigrum

Ordnung: Heidekrautartige
Familie: Heidekrautgewächse

Blüte	Mai und Juni
Höhe	bis 50 cm
Blätter	Nadeln
Früchte	Steinfrüchte

Die Schwarze Krähenbeere wächst nicht besonders hoch, kann sich aber dafür gut ausbreiten. Wenn sie genug Platz hat, wächst sie zu einem dichten, grünen Teppich heran, der Dünen oder sonstige Sandböden bedecken kann. Ihren Namen hat die Pflanze von der Tatsache, dass Krähen gerne die schwarzen Beeren fressen – und damit zur Verbreitung beitragen.

GEFÄHRDUNG — nicht gefährdet

Liguster *Ligustrum vulgare*

Ordnung: Lippenblütlerartige
Familie: Ölbaumgewächse

Blüte	Juni und Juli
Höhe	bis 4 m
Blätter	lanzettlich
Früchte	Beeren

Die schwarzen Beeren des Ligusters mögen zwar lecker aussehen, sind aber ziemlich giftig. Auch wenn man mit dem Pflanzensaft in Berührung kommt, können Hautausschläge entstehen. Trotzdem wird Liguster manchmal in Parks oder Gärten angepflanzt. Dort bildet er dichte Hecken. Zum Schneiden der Hecken zieht man am besten Handschuhe an.

GEFÄHRDUNG — nicht gefährdet

Kornelkirsche *Cornus mas*

Ordnung: Hartriegelartige
Familie: Hartriegelgewächse

Blüte	Februar bis April
Höhe	bis 6 m
Blätter	elliptisch
Früchte	Steinfrüchte

Die Kornelkirsche ist nicht der Baum, der unsere Supermarkt-Kirschen hervorbringt. Ihre roten Früchte sind zwar essbar, enthalten aber mehrere Steine. Im Frühjahr, sobald der Frost vorbei ist, blüht die Kornelkirsche leuchtend gelb. Jede Blüte verströmt einen honigartigen Duft, den Menschen und Insekten angenehm finden. Vögel mögen lieber die Früchte.

GEFÄHRDUNG — nicht gefährdet

Roter Hartriegel *Cornus sanguinea*

Ordnung: Hartriegelartige
Familie: Hartriegelgewächse

Blüte	Mai und Juni
Höhe	bis 4 m
Blätter	elliptisch
Früchte	Steinfrüchte

Die großen Blätter des Roten Hartriegels werden im Herbst tatsächlich knallrot. Doch der Name stammt auch von der roten Rinde der Pflanze, die sich an älteren Zweigen schließlich braun färbt. Die Blüten des Roten Hartriegels sind weiß und haben eine kreuzartige Form. Sie erscheinen ungefähr im Mai und werden nur wenige Millimeter groß.

GEFÄHRDUNG — nicht gefährdet

Stechpalme *Ilex aquifolium*

Ordnung: Stechpalmenartige
Familie: Stechpalmengewächse

Blüte	Mai und Juni
Höhe	bis 5 m
Blätter	elliptisch
Früchte	Steinfrüchte

An einer Stechpalme kann man sich sehr piken, denn ihre Blätter haben spitze Dornen am Rand. Wenn man genau hinsieht, erkennt man, dass diese Dornenzähne mal nach oben und mal nach unten zeigen. Stechpalmen haben solche abschreckenden Blätter aber nur unten. Die Blätter hoch oben am Strauch haben weniger Dornen oder auch ganz glatte Ränder.

GEFÄHRDUNG — nicht gefährdet

Gewöhnlicher Schneeball
Viburnum opulus

Ordnung: Kardenartige
Familie: Moschuskrautgewächse

Blüte	Mai bis August
Höhe	bis 5 m
Blätter	eiförmig
Früchte	Steinfrucht

Der Gewöhnliche Schneeball wächst unter anderem an den Ufern von Flüssen. Wenn die Blütezeit anbricht, bedient sich die Pflanze eines Tricks: Sie schummelt. Ihre winzigen Nektarblüten sind einfach nicht auffällig genug. Deshalb bildet sie einige wenige riesige Blüten, die am Rand stehen und Insekten anlocken – aber gar keinen Nektar enthalten.

GEFÄHRDUNG nicht gefährdet

Schwarzer Holunder *Sambucus nigra*

Ordnung: Kardenartige
Familie: Moschuskrautgewächse

Blüte	Mai bis Juli
Höhe	bis 10 m
Blätter	gefiedert
Früchte	Steinfrüchte

Die riesigen Sträucher, die der Schwarze Holunder bildet, haben im Sommer große weiße Blütenstände. Diese bestehen aus winzigen Einzelblüten. Wie viele das sind, sieht man besonders deutlich im Herbst, wenn aus den Blüten Holunderbeeren geworden sind. Sowohl die Blüten als auch die Beeren kann man essen – aber nur wenn man sie richtig zubereitet.

GEFÄHRDUNG — nicht gefährdet

Roter Holunder *Sambucus racemosa*

Ordnung: Kardenartige
Familie: Moschuskrautgewächse

Blüte	April und Mai
Höhe	bis 5 m
Blätter	gefiedert
Früchte	Steinfrucht

Anders als beim Schwarzen Holunder hängen die Fruchtdolden des Roten Holunders nicht nach unten. Das liegt daran, dass seine Früchte nicht so schwer sind. Zu Beginn ihres Wachstums sind die Blätter des Roten Holunders rötlich. Erst später färben sie sich um und werden grün. Wenn man weiß, wie man sie zubereitet, kann man die Früchte der Pflanze essen.

GEFÄHRDUNG — nicht gefährdet

Pilze

Was sind Pilze?

Früher glaubte man, dass die Pilze zu den Pflanzen gehören. Schließlich wachsen sie aus dem Boden heraus und haben manchmal blattartige Auswüchse. Doch anders als Pflanzen können Pilze keine Energie aus Sonnenlicht herstellen und auch unter dem Mikroskop sehen sie anders aus.

Zu den Tieren passten die Pilze allerdings auch nicht. Zwar kommt in ihnen Chitin vor – ein Stoff, den man auch im Panzer von Insekten findet – aber die Unterschiede waren dann doch zu groß. Deshalb bilden die Pilze jetzt, neben Tieren und Pflanzen, eine ganz eigene biologische Gruppe.

Ein Pilz besteht eigentlich aus einem riesigen Gewirr unterirdisch wachsender Fäden. Darüber kann er wachsen und sich ausbreiten. Doch ab und zu bilden Pilze zur Vermehrung auch Fruchtkörper. Das sind dann die „Pilze", die wir oberirdisch sehen.

Finger weg!

Nicht alle Pilze sind giftig. Doch es gibt unter den vielen verschiedenen Pilzarten einige, die für Menschen tödlich sind. Auch wenn manche Erwachsene im Herbst in den Wald gehen, um Pilze zu sammeln, solltest du davon die Finger lassen. Einige Speisepilze haben nämlich giftige Doppelgänger. Andere sind nur gekocht genießbar.

Deshalb gilt beim Waldspaziergang:
– Pilze nicht anfassen!
– Brich keine Fruchtkörper ab! Der Pilz braucht sie.
– Nach jedem Waldspaziergang und vor jedem Essen:
   Hände waschen!

Wenn du Pilze „sammeln" willst, kannst du sie fotografieren oder als Zeichnung in einem Büchlein festhalten.

Butterröhrling *Suillus luteus*

Ordnung: Dickröhrlingsartige
Familie: Schmierröhrlingsverwandte

Fruchtkörper	September und Oktober
Stielhöhe	bis 12 cm
Durchmesser	bis 12 cm
Essbar	nein

Wenn im Herbst braune Pilzhüte in einem Kiefernwald erscheinen, ist das häufig der Butterröhrling. Dieser Pilz wächst zwischen den zu Boden gefallenen Kiefernnadeln und hat ein etwas glibberiges Aussehen. Von Nahem wirkt es, als wäre der Pilz von Schleim überzogen. Butterröhrlinge und Kiefern bilden eine Art Lebensgemeinschaft und wachsen nebeneinander.

GEFÄHRDUNG — **nicht gefährdet**

Maronenröhrling *Imleria badia*

Ordnung: Dickröhrlingsartige
Familie: Dickröhrlingsverwandte

Fruchtkörper	September bis November
Stielhöhe	bis 12 cm
Durchmesser	bis 15 cm
Essbar	ja

Der Hut des Maronenröhrlings sieht einer richtigen Marone, einer Esskastanie, tatsächlich etwas ähnlich. Das liegt sicher an der dunkelbraunen Farbe, aber vielleicht auch daran, dass der Pilz bei Regen eine glänzende Oberfläche hat. Drückt man auf die Unterseite des Pilzhutes, färbt sich die Stelle blau. Deshalb heißt der Maronenröhrling auch Blaupilz.

GEFÄHRDUNG — nicht gefährdet

Satansröhrling *Rubroboletus satanas*

Ordnung: Dickröhrlingsartige
Familie: Dickröhrlingsverwandte

Achtung giftig!

Fruchtkörper	Juni bis Oktober
Stielhöhe	bis 12 cm
Durchmesser	bis 35 cm
Essbar	nein

Der Satansröhrling ist ein waschechter Giftpilz und leicht an seinem roten Stiel zu erkennen. Auch sein Doppelgänger, der essbare Hexenröhrling, hat einen roten Stiel – allerdings keinen so hellen Hut wie der Satansröhrling. Die beiden Pilze sind ein gutes Beispiel dafür, dass essbare und giftige Pilze sich oftmals sehr ähnlich sehen können.

GEFÄHRDUNG — nicht gefährdet

Gallenröhrling *Tylopilus felleus*

Ordnung: Dickröhrlingsartige
Familie: Dickröhrlingsverwandte

Fruchtkörper	Juli bis Oktober
Stielhöhe	bis 15 cm
Durchmesser	bis 15 cm
Essbar	nein

Manchmal wächst der Gallenröhrling zusammen mit anderen Pilzen. Passen Pilzsammler nicht gut auf, landet er mit im Sammelkorb und wird mit verarbeitet. Zum Glück ist der Gallenröhrling nicht tödlich giftig, aber er schmeckt sehr bitter. Eine Steinpilzpfanne, in die er versehentlich geraten ist, wird durch ihn ungenießbar. Deshalb gilt: Finger weg!

GEFÄHRDUNG nicht gefährdet

Rothütiger Steinpilz *Boletus pinophilus*

Ordnung: Dickröhrlingsartige
Familie: Dickröhrlingsverwandte

Fruchtkörper	September
Stielhöhe	bis 12 cm
Durchmesser	bis 25 cm
Essbar	ja

Den Rothütigen Steinpilz findet man meist in Kiefernwäldern. Der unterirdische Teil des Pilzes wächst ganz eng um die Wurzeln der Bäume herum. Die Verbindung zwischen Pilz und Baum ist für beide gut. Der Pilz erhält Nährstoffe vom Baum, die durch die Verarbeitung des Sonnenlichts entstehen. Er selbst gibt Nährstoffe aus dem Boden an den Baum ab.

GEFÄHRDUNG — nicht gefährdet

Gemeiner Steinpilz *Boletus edulis*

Ordnung: Dickröhrlingsartige
Familie: Dickröhrlingsverwandte

Fruchtkörper	August bis Oktober
Stielhöhe	bis 20 cm
Durchmesser	bis 25 cm
Essbar	ja

Wenn es im Sommer regnet und sich die Temperaturen abkühlen, erscheint der Fruchtkörper des Gemeinen Steinpilzes. Doch auch im Herbst, wenn es ohnehin schon kühl ist, findet man ihn. Hauptsache, es ist nass genug. Steinpilze sind essbar, aber sie wachsen häufig neben dem nicht essbaren Fliegenpilz. Zum Glück sieht der nun wirklich völlig anders aus.

GEFÄHRDUNG — **nicht gefährdet**

Echter Pfifferling *Cantharellus cibarius*

Ordnung: Pfifferlingsartige
Familie: Pfifferlingsverwandte

Fruchtkörper	Juni bis November
Stielhöhe	bis 8 cm
Durchmesser	bis 10 cm
Essbar	ja

Möglicherweise geht der Name „Pfifferling" auf den pfefferartigen Geschmack des Echten Pfifferlings zurück. Dieser Pilz wächst unter Laub oder Nadelbäumen und manchmal auch auf Wiesen. Im Herbst, wenn Pfifferlingszeit ist, sieht man ihn häufig im Supermarkt oder auf der Speisekarte von Restaurants. Auch auf Wochenmärkten liegt er in großen Kisten aus.

GEFÄHRDUNG nicht gefährdet

Totentrompete *Craterellus cornucopioides*

Ordnung: Pfifferlingsartige
Familie: Pfifferlingsverwandte

Fruchtkörper	August bis Oktober
Stielhöhe	bis 15 cm
Durchmesser	bis 12 cm
Essbar	ja

Die Totentrompete sieht tatsächlich ein wenig aus wie eine Trompete. Der Fruchtkörper des Pilzes ist nämlich hohl und der obere Rand zeigt nach außen. Auch die Farbe – dunkelgrau bis schwarz – sieht wenig einladend aus. Doch die Totentrompete ist nicht giftig. Im Gegenteil: Sie wächst vor allem unter alten Rotbuchen und ist ein Speisepilz.

GEFÄHRDUNG — nicht gefährdet

Kräuterseitling *Pleurotus eryngii*

Ordnung: Champignonartige
Familie: Seitlingsverwandte

Fruchtkörper	März bis November
Stielhöhe	bis 8 cm
Durchmesser	bis 10 cm
Essbar	ja

Der Fruchtkörper des Kräuterseitlings ist über dem Erdboden zu sehen. Der unterirdische Teil des Pilzes wächst nicht für sich allein, sondern hängt an der Wurzel einer Pflanze. Kräuterseitlinge wachsen an den Wurzeln der Gemeinen Brachdistel und ziehen Nährstoffe aus ihnen. Anders als andere Pilze helfen sie den Pflanzen nicht, an denen sie leben.

GEFÄHRDUNG — nicht gefährdet

Nebelgrauer Trichterling
Clitocybe nebularis

Ordnung: Champignonartige
Familie: Ritterlingsverwandte

Fruchtkörper	September bis November
Stielhöhe	bis 15 cm
Durchmesser	bis 20 cm
Essbar	nein

Der Nebelgraue Trichterling wächst in Buchenwäldern und erscheint dort manchmal regelrecht über Nacht. Von außen sieht man es nicht, aber die unterirdischen Pilzfäden breiten sich manchmal sehr gleichmäßig im Boden aus. Wenn der Pilz dann oberirdische Fruchtkörper bildet, stehen diese im Kreis. Solche „Hexenkreise" bestehen aus einem einzigen Pilz.

GEFÄHRDUNG — nicht gefährdet

Roter Fliegenpilz *Amanita muscaria*

Ordnung: Champignonartige
Familie: Wulstlingsverwandte

Achtung giftig!

Fruchtkörper	Juli bis Oktober
Stielhöhe	bis 20 cm
Durchmesser	bis 18 cm
Essbar	nein

Seinen Namen hat der giftige Rote Fliegenpilz vermutlich daher, dass er früher als Fliegengift benutzt wurde. Man legte einen Pilz in Milch und stellte die Schale als Fliegenfalle auf. Rote Fliegenpilze enthalten so viel Gift, dass sie für Menschen gefährlich sein können. Nacktschnecken macht das Pilzgift hingegen nichts aus. Sie knabbern gern am Pilz.

GEFÄHRDUNG — nicht gefährdet

Pantherpilz *Amanita pantherina*

Ordnung: Champignonartige
Familie: Wulstlingsverwandte

Achtung giftig!

Fruchtkörper	Juni bis November
Stielhöhe	bis 12 cm
Durchmesser	bis 10 cm
Essbar	nein

Finger weg vom Pantherpilz! Er mag vielleicht hübsch aussehen, aber er ist auch sehr giftig. Leider sieht er dem essbaren Perlpilz ziemlich ähnlich, sodass sich immer wieder unachtsame Pilzsammler an ihm vergiften. Der Hut eines Pantherpilzes ist zu Beginn kugelig. Je älter der Pilz wird, desto flacher und einfarbiger wird auch sein Hut.

GEFÄHRDUNG — nicht gefährdet

Kegelhütiger Knollenblätterpilz
Amanita virosa

Ordnung: Champignonartige
Familie: Wulstlingsverwandte

Achtung giftig!

Fruchtkörper	Juli bis Oktober
Stielhöhe	bis 12 cm
Durchmesser	bis 15 cm
Essbar	nein

Der Kegelhütige Knollenblätterpilz ist das beste Beispiel dafür, was schiefgehen kann, wenn man sich beim Pilzesammeln verguckt. Ein sehr junger Knollenblätterpilz sieht nämlich ein wenig aus wie ein Champignon. Doch im Gegensatz zu einem Speisepilz ist der Knollenblätterpilz hochgiftig. So giftig, dass man ihn am besten überhaupt nicht anfasst.

GEFÄHRDUNG — nicht gefährdet

Grüner Knollenblätterpilz
Amanita phalloides

Ordnung: Champignonartige
Familie: Wulstlingsverwandte

Achtung giftig!

Fruchtkörper	Juli bis Oktober
Stielhöhe	bis 15 cm
Durchmesser	bis 15 cm
Essbar	nein

Das Gift des Grünen Knollenblätterpilzes ist besonders tückisch, denn es wirkt bereits, auch wenn man es noch gar nicht bemerkt. Menschen, die an einer Pilzvergiftung sterben, haben in fast allen Fällen versehentlich einen Grünen Knollenblätterpilz gegessen. Seit weniger Menschen selbst Pilze sammeln, ist die Zahl der Unfälle aber zurückgegangen.

GEFÄHRDUNG — nicht gefährdet

Parasol *Macrolepiota procera*

Ordnung: Champignonartige
Familie: Champignonverwandte

Fruchtkörper	Juli bis November
Stielhöhe	bis 40 cm
Durchmesser	bis 30 cm
Essbar	ja

Eine andere Bezeichnung für den Parasol ist „Riesenschirmpilz" und genau so sieht er auch aus. Der dünne Stiel des Pilzes wird bis zu 40 Zentimeter hoch. Oben drauf sitzt ein flacher Hut, dessen Form an einen Sonnenschirm erinnert. Parasole wachsen häufig in Gruppen. Auch wenn der Pilz grundsätzlich essbar ist, wird empfindlichen Menschen von ihm übel.

GEFÄHRDUNG — nicht gefährdet

Schopftintling *Coprinus comatus*

Ordnung: Champignonartige
Familie: Champignonverwandte

Fruchtkörper	April bis November
Stielhöhe	bis 10 cm
Durchmesser	bis 3 cm
Essbar	junge Pilze ja

Junge Schopftintlinge sehen hell aus. Doch je älter sie werden, desto dunkler färben sie sich. Alte Schopftintlinge werden matschig und sondern eine schwarze Flüssigkeit ab. Auch unter der Erde ist dieser Pilz besonders. Er bildet lange, dünne Pilzfäden, die winzige Fadenwürmer anlocken und dann lähmen. Anschließend umhüllen und verdauen sie den Wurm.

GEFÄHRDUNG nicht gefährdet

Wiesenchampignon *Agaricus campestris*

Ordnung: Champignonartige
Familie: Champignonverwandte

Fruchtkörper	Juli bis Oktober
Stielhöhe	bis 7 cm
Durchmesser	bis 10 cm
Essbar	ja

Schaut man sich den Wiesenchampignon von unten an, fällt auf, dass er unter seinem Hut sehr viele einzelne Lamellen trägt. Diese sehen aus wie dünne Scheiben, die dicht nebeneinander hängen. Die Lamellen eines Pilzes sind wichtig für das Bilden der Sporen, mit denen sich der Pilz vermehrt. Die Lamellen des Wiesenchampignons sind rosa gefärbt.

GEFÄHRDUNG — nicht gefährdet

Edelreizker *Lactarius deliciosus*

Ordnung: Täublingsartige
Familie: Täublingsverwandte

Fruchtkörper	September und Oktober
Stielhöhe	bis 5 cm
Durchmesser	bis 20 cm
Essbar	ja

Der Edelreizker fällt durch das Muster auf seinem Hut auf. Auch der Stiel ist typisch gefärbt: Er trägt orangefarbene Gruben. Dass der Pilz essbar ist, sieht man schon an seinem wissenschaftlichen Namen. Das Wort „deliciosus" bedeutet etwa so viel wie „lecker". Wer den Pilz isst, hat nachher für eine Weile roten Urin. Das ist aber harmlos.

GEFÄHRDUNG — nicht gefährdet

Birkenmilchling *Lactarius torminosus*

Ordnung: Täublingsartige
Familie: Täublingsverwandte

Fruchtkörper	August bis Oktober
Stielhöhe	bis 8 cm
Durchmesser	bis 12 cm
Essbar	vorbehandelt und gegart ja

Der Hut des Birkenmilchlings ist rosa oder fleischfarben und hat ein Muster aus dunklen Ringen. Der Name des Pilzes stammt daher, dass er eine weiße Milch absondert, wenn er verletzt wird. Und auch daher, dass er gerne in der Nähe von Birken auftaucht. Wie der Boden beschaffen ist, ist dem Pilz beinahe egal. Hauptsache, es ist eine Birke in der Nähe.

GEFÄHRDUNG nicht gefährdet

Filziger Milchling *Lactarius helvus*

Ordnung: Täublingsartige
Familie: Täublingsverwandte

Achtung giftig!

Fruchtkörper	Juli bis Oktober
Stielhöhe	bis 10 cm
Durchmesser	bis 15 cm
Essbar	nein

Stößt man aus Versehen gegen einen Filzigen Milchling, geht der Fruchtkörper sehr leicht kaputt. Vielleicht stammt daher auch die andere Bezeichnung „Bruchmilchling". Das Fleisch des Pilzes riecht eigentlich ganz angenehm. Doch der Pilz ist leicht giftig, auch wenn man noch nicht genau weiß, wieso. Wer ihn isst, kann jedenfalls krank werden.

GEFÄHRDUNG — **nicht gefährdet**

Birnenstäubling *Lycoperdon pyriforme*

Ordnung: Champignonartige
Familie: Champignonverwandte

Fruchtkörper	August bis November
Stielhöhe	bis 5 cm
Durchmesser	bis 4 cm
Essbar	nur junge weißfleischige Pilze

Wenn der Birnenstäubling jung ist, ist er kugelrund und sehr hell. Auf seinem Hut wachsen winzige dunkle Stacheln, die nach ein paar Tagen abfallen. Anschließend ist der Pilz eine Weile lang ganz glatt. Dann wird er dunkler und der Hut bekommt einen Riss. Der grüne Staub, der dort austritt, besteht aus Sporen, mit denen der Pilz sich vermehrt.

GEFÄHRDUNG   nicht gefährdet

Stinkmorchel *Phallus impudicus*

Ordnung: Stinkmorchelartige
Familie: Stinkmorchelverwandte

Fruchtkörper	Juni bis Oktober
Stielhöhe	bis 6 cm
Durchmesser	bis 5 cm
Essbar	nur das „Hexenei"

Früher wusste man noch nicht viel über den Pilz und nannte ihn deshalb im Frühstadium „Hexenei". Die Stinkmorchel sieht auch wirklich seltsam eiförmig aus, wenn sie aus dem Boden kommt. Später verflüssigt sich ihr Hut und lockt mit Aasgeruch Fliegen an. Diese saugen die Flüssigkeit auf, hinterlassen einen kahlen Pilz und verbreiten seine Sporen.

GEFÄHRDUNG — nicht gefährdet

Speisemorchel *Morchella esculenta*

Ordnung: Becherlingsartige
Familie: Morchelverwandte

Fruchtkörper	April bis Juni
Stielhöhe	bis 12 cm
Durchmesser	bis 8 cm
Essbar	ja

Die Speisemorchel hat ein sehr markantes Aussehen. Die Waben auf ihrem Hut sind ein typisches Kennzeichen. Wer eine Morchel findet, sollte sie am besten stehen lassen. Zwar ist sie ein gefragter und teurer Speisepilz, aber sie ist auch ziemlich selten. Man findet Speisemorcheln in Laubwäldern und manchmal sogar in Gärten, wo sie unter Obstbäumen wachsen.

GEFÄHRDUNG — nicht gefährdet

Gemeines Stockschwämmchen
Kuehneromyces mutabilis

Ordnung: Champignonartige
Familie: Träuschlingsverwandte

Fruchtkörper	April bis November
Stielhöhe	bis 5 cm
Durchmesser	bis 4 cm
Essbar	ja

Während viele Pilze unterirdisch im Boden wachsen, besiedelt das Gemeine Stockschwämmchen lieber Holz. Es gedeiht allerdings nicht an lebenden Bäumen, sondern wächst vielmehr an alten Baumstümpfen oder umgefallenen Stämmen. Je morscher das Holz, desto besser. Einmal im Jahr bilden die Pilzfäden Fruchtkörper, die hellgelb gefärbt sind.

GEFÄHRDUNG — nicht gefährdet

Honiggelber Hallimasch
Armillaria mellea

Ordnung: Champignonartige
Familie: Rindenschwammartige

Fruchtkörper	Juni bis November
Stielhöhe	bis 12 cm
Durchmesser	bis 10 cm
Essbar	gegart ja

Der Honiggelbe Hallimasch lebt an Bäumen und ist für diese gar nicht gesund. Denn der Pilz breitet sich unter der Rinde aus und kann dafür sorgen, dass die Bäume absterben. Doch der Hallimasch ist etwas ganz Besonderes. Das richtige Wetter kann in seltenen Fällen eine chemische Reaktion auslösen, die dazu führt, dass der Pilz im Dunkeln leuchtet.

GEFÄHRDUNG — nicht gefährdet

Gemeiner Rübling *Gymnopus dryophilus*

Ordnung: Champignonartige
Familie: Schwindlingsverwandte

Fruchtkörper	Mai bis November
Stielhöhe	bis 8 cm
Durchmesser	bis 6 cm
Essbar	ja

Der Gemeine Rübling kommt in Laub- oder Nadelwäldern vor. Besonders gerne wächst er unter Rotbuchen, aber auch an Fichten oder Eichen findet man ihn. Der Gemeine Rübling wächst manchmal ganz allein und an anderen Stellen in großen Gruppen. Da er erst spät im Jahr auftaucht, kommt es vor, dass manche Pilze sogar bis ins nächste Frühjahr stehen bleiben.

GEFÄHRDUNG — nicht gefährdet

Echter Zunderschwamm
Fomes fomentarius

Ordnung: Stielporlingsartige
Familie: Stielporlingsverwandte

Fruchtkörper	ganzjährig
Stielhöhe	bis 20 cm
Durchmesser	bis 30 cm
Essbar	nein

Wenn ein Echter Zunderschwamm an einem Baum wächst, bedeutet das häufig, dass der Baum geschwächt ist. Manchmal findet man die Fruchtkörper des Pilzes auch an umgefallenen Baumstämmen. Dann erkennt man leicht, ob der Pilz schon da war, als der Baum noch stand, oder erst später wuchs. Denn Zunderschwämme wachsen immer waagerecht.

GEFÄHRDUNG — nicht gefährdet

Zinnoberschwamm
Pycnoporus cinnabarinus

Ordnung: Stielporlingsartige
Familie: Stielporlingsverwandte

Fruchtkörper	ganzjährig
Stielhöhe	bis 6 cm
Durchmesser	bis 10 cm
Essbar	nein

Wenn ein Baum abstirbt, wird er schnell von Pilzen besiedelt. Einer der ersten ist dann der Zinnoberschwamm. Man erkennt ihn schnell an seiner ungewöhnlichen Farbe. „Zinnober" ist eine andere Bezeichnung für ein leuchtendes Rot und genauso sieht der Pilz tatsächlich aus. Zinnoberschwämme sind hart und zäh. Als Speisepilze eignen sie sich nicht.

GEFÄHRDUNG — nicht gefährdet

Tiere

Säugetiere

Was sind Säugetiere?

Innerhalb der großen Gruppe der Tiere gehören viele Tierarten zu den Säugetieren. Diese Tiere legen keine Eier, sondern bekommen lebende Jungtiere, die sie bis zur Geburt im Bauch tragen. Säugetierbabys können sich noch nicht selbst versorgen und trinken in der ersten Zeit die Milch ihrer Mutter.

Anders als Reptilien sind Säugetiere nicht auf eine warme Umgebungstemperatur angewiesen, sondern können ihre Körpertemperatur immer gleich warm halten. Säugetiere an Land tragen zusätzlich noch ein Fell, das sie vor der Kälte schützt. Auch Wale sind Säugetiere. Statt Fell schützen sie sich mit einer dicken Fettschicht vor der Kälte. Aber auch Wale atmen, genau wie ihre Verwandten an Land, mit einer Lunge. Wenn sie schwimmen, müssen sie regelmäßig auftauchen und Luft holen. Säugetiere haben keine äußere Schale, die ihren Körper stützt, sondern ein innen liegendes knöchernes Skelett.

Skelett

Das Skelett der Säugetiere ermöglicht einen aufrechten Körper und Bewegungen. Der Schädelknochen schützt das Gehirn und die Sinnesorgane. Auch Menschen sind Säugetiere. Wir haben eine Wirbelsäule, die vom Hals bis zur Hüfte reicht. Die Arme sind mit den Schultern verbunden, die Beine mit den Hüftknochen.

Der Aufbau des Skeletts ist immer ähnlich. Je nachdem, wie ein Säugetier lebt, kann er aber Besonderheiten haben. Eichhörnchen haben zum Beispiel einen langen Schwanz zum Balancieren. Menschen haben keinen, denn er wäre ihnen im Weg.

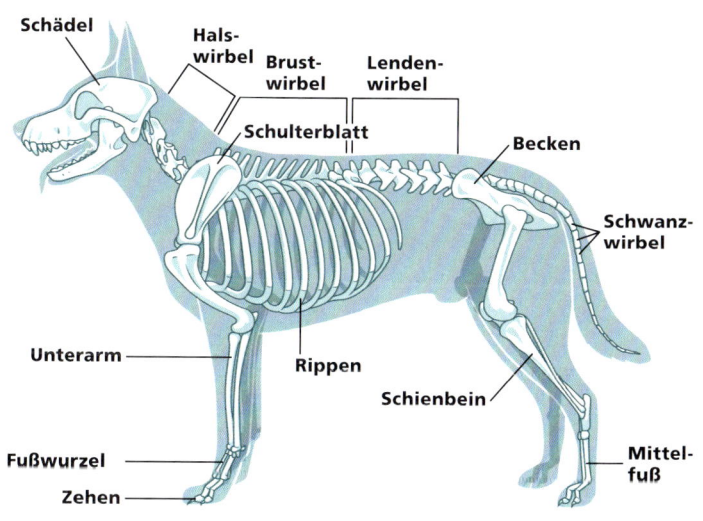

Schneehase *Lepus timidus*

Ordnung: Hasenartige
Familie: Hasen

Größe	bis 60 cm
Lebensraum	Tundra, Wälder, Moore
Nahrung	Kräuter, Gräser, Zweige
Jungtiere	2–5

Hasen sind eigentlich Einzelgänger, doch der Schneehase macht da eine Ausnahme. Er lebt manchmal in kleinen Gruppen. Im Sommer ist sein Fell graubraun, wie das des Feldhasen. Doch im Winter, wenn Schnee fällt, durchläuft er einen Fellwechsel. Das weiße Winterfell sorgt dafür, dass der Hase im Schnee nicht so leicht entdeckt werden kann.

GEFÄHRDUNG — **nicht gefährdet**

Wildkaninchen *Oryctolagus cuniculus*

Ordnung: Hasenartige
Familie: Hasen

Größe	bis 45 cm
Lebensraum	Wiesen
Nahrung	Kräuter, Gräser, Zweige
Jungtiere	5–7

Bevor es Hauskaninchen gab, gab es nur Wildkaninchen. Sie sind sozusagen die Stammväter und -mütter unserer zahmen Haustiere. Wildkaninchen leben in großen Gruppen und graben sich einen unterirdischen Bau. Dieser besteht aus langen Gängen und mehreren Kammern. Bei Gefahr klopft ein Tier mit den Hinterbeinen auf den Boden und alle rennen in den Bau.

GEFÄHRDUNG — **beinahe gefährdet**

Feldhase *Lepus europaeus*

Ordnung: Hasenartige
Familie: Hasen

Größe	bis 65 cm
Lebensraum	Steppen, Felder, Wiesen
Nahrung	Blätter, Wurzeln
Jungtiere	1–5

Feldhasen schlafen in einer einfachen Mulde am Boden, Sasse genannt. Hier kommt auch der Nachwuchs zur Welt. Junge Feldhasen haben ein angeborenes Verhalten, das sie vor Raubtieren schützt. Bei Gefahr machen sie sich ganz klein und bleiben bewegungslos hocken. Wer also so ein Jungtier findet, kann beruhigt weitergehen. Die Mutter ist ganz in der Nähe.

GEFÄHRDUNG — nicht gefährdet

Feldhamster *Cricetus cricetus*

Ordnung: Nagetiere
Familie: Wühler

Größe	bis 30 cm
Lebensraum	Steppen, Felder
Nahrung	Rüben, Körner, Feldfrüchte
Jungtiere	3–10

Der Feldhamster gehört zu den wenigen Säugetieren mit hellem Rücken und dunklem Bauch. Wird ein Feldhamster verfolgt und kann seinen Bau nicht rechtzeitig erreichen, bleibt er stehen und richtet sich auf. Der dunkle Bauch sieht dann für seinen Verfolger aus wie ein großes Maul, die weißen Hamsterfüße imitieren Eckzähne. Manchmal klappt das.

GEFÄHRDUNG — nicht gefährdet

Eichhörnchen *Sciurus vulgaris*

Ordnung: Nagetiere
Familie: Hörnchen

Größe	bis 25 cm
Lebensraum	Wälder, Parks, Gärten
Nahrung	Nüsse, Insekten, Kleintiere
Jungtiere	1–6

Eichhörnchen sind schlau. Werden sie von einem Raubvogel verfolgt, rennen sie im Kreis um einen Baumstamm herum. Dabei halten sie sich mit ihren kräftigen Krallen an der Rinde fest und klettern ständig hin und her. Das verwirrt den Verfolger. Bei aller Schlauheit vergessen Eichhörnchen aber auch vieles. Zum Beispiel, wo sie manche Nüsse versteckt haben.

GEFÄHRDUNG — nicht gefährdet

Europäischer Ziesel *Spermophilus citellus*

Ordnung: Nagetiere
Familie: Hörnchen

Größe	bis 23 cm
Lebensraum	Steppen, Wiesen
Nahrung	Samen, Insekten, Blätter
Jungtiere	2–8

Ziesel-Weibchen verstecken ihre Jungtiere in einem unterirdischen Bau. Sind die Kleinen alt genug, um kurz allein zu bleiben, verlässt das Weibchen den Bau und läuft herum, um Nahrung zu suchen. Die braucht es, um genug Milch zu haben. Die Ziesel-Männchen sind viel weniger aktiv und sitzen oft herum. Deshalb sind sie ein leichtere Beute für Adler.

GEFÄHRDUNG — **gefährdet**

Alpenmurmeltier *Marmota marmota*

Ordnung: Nagetiere
Familie: Hörnchen

Größe	bis 50 cm
Lebensraum	Bergwiesen
Nahrung	Kräuter, Gräser, Wurzeln
Jungtiere	2–6

Das Alpenmurmeltier lebt auf Bergwiesen. Hier ist es häufig kalt, daher hat die ganze Murmeltierfamilie ein dickes Fell. Schwierig wird das, wenn die Sonne scheint und die Temperaturen steigen. Dann wird es den Murmeltieren schnell zu warm. Wenn sie beim Sonnenbad merken, dass die Sonne zu stark brennt, ziehen sie sich in ihren kühlen Bau zurück.

GEFÄHRDUNG   nicht gefährdet

Europäischer Biber *Castor fiber*

Ordnung: Nagetiere
Familie: Biber

Größe	bis 100 cm
Lebensraum	Gewässer
Nahrung	Blätter, Rinde
Jungtiere	2–4

Biber können bauen. Mit ihren kräftigen Zähnen nagen sie Zweige und dünne Bäume durch und stapeln diese quer zu einem Bach. Wenn sich das Wasser staut und ein See entsteht, bauen die Biber ihren Bau dort mitten hinein. Der Eingang liegt immer unter Wasser. So sind die Tiere vor Feinden geschützt. Steigt das Wasser zu hoch, lassen sie etwas ab.

GEFÄHRDUNG — nicht gefährdet

Eurasische Zwergmaus
Micromys minutus

Ordnung: Nagetiere
Familie: Langschwanzmäuse

Größe	bis 7 cm
Lebensraum	Schilf, Grasland, Felder
Nahrung	Samen, Insekten
Jungtiere	3–8

Zwergmäuse findet man im Schilf oder auf nicht gemähten Wiesen mit hohem Gras. Die Tiere sind geschickte Kletterer, die sich kugelförmige Nester bauen und vor allem nachts unterwegs sind. Die Eurasische Zwergmaus kann etwas, das andere Mäuse nicht können: Sie benutzt ihren Schwanz zum Greifen und hält sich damit beim Klettern an den Halmen fest.

GEFÄHRDUNG — **nicht gefährdet**

Hausmaus *Mus musculus*

Ordnung: Nagetiere
Familie: Langschwanzmäuse

Größe	bis 11 cm
Lebensraum	Steppen, Wiesen, Städte
Nahrung	Samen, Nüsse, Insekten
Jungtiere	3–8

Hausmäuse leben in Gruppen mit bis zu 50 Tieren. Sie verständigen sich vor allem durch ihren Geruch. Wenn sie unter den Füßen schwitzen oder auf den Boden urinieren, geben sie damit immer auch einen Duft ab. Die anderen Mäuse wissen dann, ob ihnen ihr Gegenüber freundlich gesinnt ist. Sie erkennen am Geruch sogar, wer mit wem verwandt ist.

GEFÄHRDUNG — nicht gefährdet

Waldmaus *Apodemus sylvaticus*

Ordnung: Nagetiere
Familie: Langschwanzmäuse

Größe	bis 11 cm
Lebensraum	Parks, Gärten, Wegränder
Nahrung	Nüsse, Pilze, Insekten
Jungtiere	2–6

Auch wenn die Waldmaus anders heißt, lebt sie vor allem auf Feldern und an Wegrändern. Die Tiere sind nachtaktiv und leben meistens alleine in einem Erdbau. Das Mäuseloch führt in einen Tunnel und von dort in zwei Kammern. In einer davon schläft die Maus, in der anderen lagert sie Vorräte. Nur im Winter kuscheln sich manchmal mehrere Mäuse in einem Bau.

GEFÄHRDUNG — nicht gefährdet

Feldmaus *Microtus arvalis*

Ordnung: Nagetiere
Familie: Wühler

Größe	bis 12 cm
Lebensraum	Felder, Wiesen
Nahrung	Kräuter, Samen
Jungtiere	6–10

Der Bau der Feldmaus liegt unter der Erde und ist alles andere als simpel. Die Tiere leben zu mehreren zusammen und graben ein verzweigtes Tunnelsystem mit vielen Gängen. Wenn das Wetter schlecht ist oder es nur wenig zu fressen gibt, bekommen die Feldmäuse keinen Nachwuchs. Werden die Bedingungen besser, stellt er sich dann bei allen Weibchen gleichzeitig ein.

GEFÄHRDUNG — nicht gefährdet

Wanderratte *Rattus norvegicus*

Ordnung: Nagetiere
Familie: Langschwanzmäuse

Größe	bis 25 cm
Lebensraum	Städte
Nahrung	Pflanzen, Fleisch
Jungtiere	2–6

Wanderratten können in der Stadt, in Parks und sogar auf Müllkippen überleben. Sie sind nicht wählerisch, was Nahrung angeht, und fressen sowohl Pflanzen als auch Fleisch – wobei sie Pflanzen lieber mögen. Wer eine Wanderratte sehen möchte, muss warten, bis es dunkel wird. Die Tiere gehen den Menschen normalerweise aus dem Weg und kommen erst dann hervor.

GEFÄHRDUNG — nicht gefährdet

Haselmaus *Muscardinus avellanarius*

Ordnung: Nagetiere
Familie: Bilche

Größe	bis 15 cm
Lebensraum	Wälder
Nahrung	Samen, Beeren, Insekten
Jungtiere	2–5

Haselmäuse sind nachtaktiv. Tagsüber schlafen sie in einem kugelförmigen Nest aus Gräsern. Ab und zu findet man sie auch in einem verlassenen Nistkasten. Am liebsten mögen die Tiere Haselsträucher. Nachts suchen sie draußen nach Beeren, Samen oder Insekten. In Zeiten, in denen Nahrung knapp ist, fallen die Haselmäuse tagsüber in eine Starre und sparen so Energie.

GEFÄHRDUNG — nicht gefährdet

Siebenschläfer *Glis glis*

Ordnung: Nagetiere
Familie: Bilche

Größe	bis 18 cm
Lebensraum	Wälder, Gärten
Nahrung	Nüsse, Früchte, Eier
Jungtiere	4–6

Der Siebenschläfer hat seinen Namen angeblich daher, dass er im Winter sieben Monate lang schläft. Sein Winterschlaf dauert allerdings von September bis Mai, also etwa acht oder neun Monate. Um sich in den kalten Monaten vor der Kälte zu schützen, gräbt sich der Siebenschläfer eine Erdhöhle. Bis zum Frühjahr lebt er von seiner dicken Fettschicht.

GEFÄHRDUNG — nicht gefährdet

Gartenschläfer *Eliomys quercinus*

Ordnung: Nagetiere
Familie: Bilche

Größe	bis 17 cm
Lebensraum	Wälder, Gärten
Nahrung	Früchte, Samen, Insekten
Jungtiere	4–6

Vor allem nachts krabbelt der Gartenschläfer aus seinem Nest und geht auf Nahrungssuche. Dabei hält er sich häufig am Boden auf, wo er nach Schnecken oder Würmern Ausschau hält. Wenn ein Gartenschläfer laut pfeift, ist das vermutlich ein Weibchen, das ein Männchen sucht. Die Jungtiere werden im Nest, aber manchmal auch in verlassenen Nistkästen für Vögel geboren.

GEFÄHRDUNG — beinahe gefährdet

Baumschläfer *Dryomys nitedula*

Ordnung: Nagetiere
Familie: Bilche

Größe	bis 11 cm
Lebensraum	Wälder
Nahrung	Insekten, Blätter, Samen
Jungtiere	2–6

Der Baumschläfer ist bei uns nur selten zu sehen. Wer einen entdeckt, hat großes Glück. Um sich wohl zu fühlen, braucht der Baumschläfer dichte Hecken oder Wälder mit Unterholz. Er überwintert in einem selbst gebauten Nest, aber manchmal auch in alten Vogelnestern. Darin rollt er sich zusammen und wickelt den langen Schwanz um seinen Körper herum.

GEFÄHRDUNG — nicht gefährdet

Kleine Hufeisennase
Rhinolophus hipposideros

Ordnung: Fledertiere
Familie: Hufeisennasen

Größe	bis 4 cm
Lebensraum	Parks, Streuobstwiesen, Waldränder
Nahrung	Insekten
Jungtiere	1

Wenn die Kleine Hufeisennase auf der Jagd ist, folgt sie dem Verlauf von Hecken oder Baumreihen. Auch eng stehende Sträucher können eine Fledermausstraße bilden. Über eine große Wiese hingegen fliegt die Kleine Hufeisennase nicht gerne hinweg. Im Gegensatz zu anderen Fledermäusen jagt sie nur, wenn es ganz dunkel ist. Ihre Beute fängt sie im Flug.

GEFÄHRDUNG nicht gefährdet

Zwergfledermaus *Pipistrellus pipistrellus*

Ordnung: Fledertiere
Familie: Glattnasen

Größe	bis 4 cm
Lebensraum	Straßen, Parks, Gärten
Nahrung	Insekten
Jungtiere	1

Eine Fledermaus, die in der Dämmerung um Straßenlaternen herumfliegt, ist wahrscheinlich eine Zwergfledermaus. Die Tiere haben nämlich herausgefunden, dass sich um das Licht der Laterne herum viele Insekten versammeln. Für eine Zwergfledermaus ist das wie ein Restaurant. Das Essen wird einem gebracht und muss nur noch verzehrt werden.

GEFÄHRDUNG — nicht gefährdet

Braunes Langohr *Plecotus auritus*

Ordnung: Fledertiere
Familie: Glattnasen

Größe	bis 5 cm
Lebensraum	Wälder
Nahrung	Insekten, Spinnen, Raupen
Jungtiere	1

Die Ohren des Braunen Langohrs sind nicht umsonst so groß. Auf der Jagd fliegt die Fledermaus manchmal dicht an einer Hecke entlang und horcht. Hört sie ein Insekt oder eine Raupe rascheln, stürzt sich die Fledermaus hinab und sammelt die Beute auf. Nachtfalter fängt das Braune Langohr im Flug mit der Schwanzflughaut ein und schubst sie Richtung Maul.

GEFÄHRDUNG — nicht gefährdet

Braunbrustigel *Erinaceus europaeus*

Ordnung: Insektenfresser
Familie: Igel

Größe	bis 30 cm
Lebensraum	Waldränder, Gärten
Nahrung	Insekten, Würmer, Eier
Jungtiere	2–8

Die Stacheln eines neugeborenen Igels sind unter der Haut versteckt und kommen erst nach zwei Tagen zum Vorschein. Dann sind es etwa hundert Stück und die Igeljungen können sie noch nicht als Schutz benutzen. Erst nach und nach üben die Jungigel, wie man sich einrollt. Als Erwachsene haben sie mehrere Tausend Stacheln und sind damit sogar vor Hunden geschützt.

GEFÄHRDUNG nicht gefährdet

Europäischer Maulwurf
Talpa europaea

Ordnung: Insektenfresser
Familie: Maulwürfe

Größe	bis 17 cm
Lebensraum	Boden
Nahrung	Insekten, Würmer
Jungtiere	2–6

Die Vorderbeine des Maulwurfs sind viel größer als seine Hinterbeine. Mit ihnen gräbt er lange Tunnel in die Erde, die gerade so groß sind, dass der Maulwurf hindurch passt. Sein Fell wächst gerade nach oben und kann sich ganz leicht in die eine oder andere Richtung umklappen. So kann der Maulwurf im Tunnel bequem vorwärts und rückwärts laufen.

GEFÄHRDUNG — nicht gefährdet

Waldspitzmaus *Sorex araneus*

Ordnung: Insektenfresser
Familie: Spitzmäuse

Größe	bis 5 cm
Lebensraum	Wälder, Wiesen
Nahrung	Würmer, Insekten, Schnecken
Jungtiere	4–8

Waldspitzmäuse sind – anders als Hausmäuse - keine Nagetiere. Sie gehören, wie auch der Igel oder der Maulwurf, zu den Insektenfressern. Ihre Zähne sind sehr spitz und dazu gedacht, die harte Schale eines Käferpanzers zu knacken. Auch Regenwürmer oder Schnecken frisst die Waldspitzmaus gerne. Sehr alte Tiere werden etwa eineinhalb Jahre alt.

GEFÄHRDUNG — nicht gefährdet

Marderhund *Nyctereutes procyonoides*

Ordnung: Raubtiere
Familie: Hunde

Größe	bis 65 cm
Lebensraum	Wälder
Nahrung	Fleisch, Pflanzen
Jungtiere	6–8

Um einen Marderhund zu sehen, muss man in der Dämmerung oder nachts unterwegs sein. Denn nur dann wagen sich die Tiere aus ihrem Bau heraus. Marderhunde leben als Paare zusammen und trennen sich meist ihr Leben lang nicht mehr. Jungtiere kommen in einem Erdbau zur Welt und fressen als erste feste Nahrung Obst und Insekten, später auch Mäuse oder Beeren.

GEFÄHRDUNG — nicht gefährdet

Rotfuchs *Vulpes vulpes*

Ordnung: Raubtiere
Familie: Hunde

Größe	bis 75 cm
Lebensraum	Wälder, Städte, Felder
Nahrung	Säugetiere, Würmer
Jungtiere	4–6

Rotfüchse fressen so ziemlich alles, was ihnen vor die Schnauze kommt. Besonders gerne mögen sie Obst oder Mäuse. Wenn ein Fuchs eine Maus jagt, schleicht er sich langsam an. Dabei bemüht er sich, so leise wie möglich zu sein. Dann springt er in hohem Bogen nach oben und landet mit beiden Vorderpfoten auf der Maus. Dieses Verhalten heißt „mäuseln".

GEFÄHRDUNG — **nicht gefährdet**

Wolf *Canis lupus*

Ordnung: Raubtiere
Familie: Hunde

Größe	bis 150 cm
Lebensraum	Wälder, Grasland
Nahrung	Fleisch, Fisch, Früchte
Jungtiere	4–6

Wölfe leben in Familien. Ein Rudel besteht meistens aus den Eltern und ihren Jungen. Der Nachwuchs aus dem letzten Jahr bleibt bei den Eltern und hilft ihnen dabei, die neuen Welpen aufzuziehen. Früher glaubte man, dass es in jedem Wolfsrudel eine strenge Rangordnung gibt. Das ist aber nur bei Wölfen so, die in einem engen Gehege leben.

GEFÄHRDUNG — nicht gefährdet

Braunbär *Ursus arctos*

Ordnung: Raubtiere
Familie: Bären

Größe	bis 250 cm
Lebensraum	Wälder, offenes Gelände
Nahrung	Pflanzen, Fleisch
Jungtiere	2–3

Wenn man sich einen Braunbären so anschaut, ahnt man nicht, dass er am liebsten Pflanzen frisst. Erst im Herbst sucht er sich mehr und mehr Fleisch, denn dann muss er sich eine dicke Fettschicht für den Winter anfressen. Während der Winterruhe bleibt der Bär in seiner Höhle und schläft. Bis er im Frühjahr wieder aufwacht, lebt er von seinen Fettreserven.

GEFÄHRDUNG — nicht gefährdet

Dachs *Meles meles*

Ordnung: Raubtiere
Familie: Marder

Größe	bis 85 cm
Lebensraum	Wälder
Nahrung	Regenwürmer, Pflanzen, Kleintiere
Jungtiere	2–4

Wenn eine Dachsfamilie einen schönen Ort zum Leben gefunden hat, legt sie einen tiefen Erdbau an und bleibt dort. Auch die Jungen der Dachse, ihre Enkel und Urenkel bewohnen dann den Bau. Jede Generation fügt ein paar neue Gänge und Kammern hinzu. Ab und zu kommt es vor, dass die Dachse Untermieter haben: Füchse finden Dachsbaue nämlich auch toll.

GEFÄHRDUNG — nicht gefährdet

Iltis *Mustela putorius*

Ordnung: Raubtiere
Familie: Marder

Größe	bis 35 cm
Lebensraum	Waldränder, Felder, Wiesen
Nahrung	Frösche, Vögel, Nagetiere
Jungtiere	3–7

Iltisse können zwar nicht besonders gut klettern, dafür aber rennen, schwimmen und sogar tauchen. Am Wasser ernähren sie sich von Fröschen, Fischen oder Schlangen. Im Wald jagen sie Vögel oder Nagetiere. Wenn ein Iltis seinen Artgenossen zeigen will, dass ein Stück Wald ihm gehört, markiert er es mit seinem Duft – den viele Menschen unangenehm finden.

GEFÄHRDUNG — **nicht gefährdet**

Baummarder *Martes martes*

Ordnung: Raubtiere
Familie: Marder

Größe	bis 58 cm
Lebensraum	Wälder
Nahrung	Mäuse, Eichhörnchen, Beeren
Jungtiere	2–3

Ein Marder, der in der Stadt herumläuft, ist wahrscheinlich kein Baummarder. Denn der Baummarder mag Bäume und Wälder. Er kann gut klettern und von Ast zu Ast springen. Wenn er Eichhörnchen jagt, passiert es manchmal, dass die Beute schlauer ist als er. Dann klettert das Eichhörnchen auf sehr dünne Zweige, für die der Marder zu schwer ist.

GEFÄHRDUNG — nicht gefährdet

Steinmarder *Martes foina*

Ordnung: Raubtiere
Familie: Marder

Größe	bis 50 cm
Lebensraum	Wälder, Hecken
Nahrung	Mäuse, Vögel, Schnecken
Jungtiere	3–4

Steinmarder sieht man häufig in der Stadt. Sie leben in Gärten oder auf Dachböden und knabbern auch schon mal die Kabel eines Autos durch. Der Steinmarder hat auf der Brust einen ähnlichen Fleck wie der Baummarder. Seiner ist jedoch heller und reicht bis zu den Vorderbeinen hinunter. Außerhalb der Paarungszeit leben Steinmarder als Einzelgänger.

GEFÄHRDUNG — nicht gefährdet

Hermelin *Mustela erminea*

Ordnung: Raubtiere
Familie: Marder

Größe	bis 30 cm
Lebensraum	Wiesen, Bachufer
Nahrung	Mäuse, Vögel, Kleintiere
Jungtiere	6–9

Ähnlich wie beim Schneehasen wird das Fell des Hermelins im Winter weiß. Im Sommer sieht es dem Steinmarder etwas ähnlich, ist aber viel kleiner. Das braune Sommerfell färbt sich pünktlich zum Schneefall um. Nur die schwarze Schwanzspitze bleibt die ganze Zeit – Sommer wie Winter – unverändert. Hermeline jagen Vögel, Mäuse und sogar Kaninchen.

GEFÄHRDUNG   nicht gefährdet

Mauswiesel *Mustela nivalis*

Ordnung: Raubtiere
Familie: Marder

Größe	bis 25 cm
Lebensraum	Wiesen, Waldränder
Nahrung	Mäuse
Jungtiere	3–8

Das Mauswiesel sieht niedlich aus, ist aber in Wirklichkeit ein mutiges Raubtier mit spitzen Zähnen. Es hat keine Angst, auch große Beute anzugreifen. So erbeutet es auch Ratten oder Kaninchen, die viel größer sind als es selbst. Auch junge Feldhasen, die regungslos in ihrer Bodenmulde sitzen, können leicht zum Opfer des Mauswiesels werden.

GEFÄHRDUNG — nicht gefährdet

Fischotter *Lutra lutra*

Ordnung: Raubtiere
Familie: Marder

Größe	bis 90 cm
Lebensraum	Flüsse
Nahrung	Fisch
Jungtiere	1–4

Der Kopf des Fischotters ist sehr gut für ein Leben im Wasser geeignet. Wenn er schwimmt, schauen seine Nase, die Augen und die Ohren gleichzeitig aus dem Wasser. Die Sinnesorgane des Fischotters liegen nämlich genau auf einer Linie. Die schlauen Tiere schwimmen nicht gerne unter dunklen Brücken hindurch, sondern steigen lieber aus dem Wasser.

GEFÄHRDUNG — **beinahe gefährdet**

Wildkatze *Felis silvestris*

Ordnung: Raubtiere
Familie: Katzen

Größe	bis 90 cm
Lebensraum	Wälder
Nahrung	Mäuse, Vögel, Insekten
Jungtiere	2–4

Wildkatzen sehen einer getigerten Hauskatze ähnlich, sind aber viel größer und schwerer. Als Haustier eignen sie sich nicht, denn sie sind echte Wildtiere. Wildkatzen leben nur dort, wo ein Wald wirklich „wild" ist. Sie brauchen ruhige Orte mit alten Bäumen und tiefen Baumhöhlen, um ihre Jungen großzuziehen. Manchmal beziehen sie auch alte Fuchsbaue.

GEFÄHRDUNG — **nicht gefährdet**

Luchs *Lynx lynx*

Ordnung: Raubtiere
Familie: Katzen

Größe	bis 120 cm
Lebensraum	Wälder
Nahrung	Rehe, Kaninchen
Jungtiere	2–5

Typisch für einen Luchs ist das hellbraune Fell mit den dunklen Flecken. Man erkennt ihn außerdem an den Pinselohren und daran, dass er immer einen kurzen Schwanz hat. Luchse jagen nachts. Die Tiere legen sich auf die Lauer und überraschen ihre Beute dann ganz plötzlich. Am liebsten jagt ein Luchs Rehe, aber er frisst auch Vögel oder Kleintiere.

GEFÄHRDUNG — nicht gefährdet

Wildschwein *Sus scrofa*

Ordnung: Paarhufer
Familie: Echte Schweine

Größe	bis 180 cm
Lebensraum	Wälder, Sümpfe, Städte
Nahrung	Wurzeln, Würmer, Pilze
Jungtiere	6–10

Wildschweine können nicht schwitzen. Wenn es ihnen im Sommer zu warm wird, legen sie sich in eine kühle, schlammgefüllte Pfütze. Solche Suhlen sind auch dafür da, das Fell und die Haut des Wildschweins mit Matsch zu bedecken. Wenn dieser getrocknet ist, reibt ihn das Tier an einem Baumstamm wieder ab. So entfernt es auch Zecken von seinem Körper.

GEFÄHRDUNG — nicht gefährdet

Rothirsch *Cervus elaphus*

**Ordnung: Paarhufer
Familie: Hirsche**

Größe	bis 210 cm
Lebensraum	Wälder, Waldwiesen
Nahrung	Rinde, Gras, Moos, Kräuter
Jungtiere	1

Das Männchen des Rothirsches heißt „Hirsch". Das Weibchen heißt „Hirschkuh". Junge Rothirsche heißen „Hirschkälber". Anders als Rehe haben Hirsche an ihrem Hinterteil einen Schwanzzipfel. Im Herbst liefern sich die Männchen heftige Kämpfe. Sie verhaken ihre Geweihe und schieben so lange, bis einer nachgibt. Verletzungen sind dabei eher selten.

GEFÄHRDUNG — nicht gefährdet

Damhirsch *Dama dama*

Ordnung: Paarhufer
Familie: Hirsche

Größe	bis 140 cm
Lebensraum	Wiesen, Wälder
Nahrung	Gräser, Kräuter, Blätter
Jungtiere	1–3

Männliche Damhirsche haben ein schaufelartiges Geweih, das viele Dellen am Rand hat. Sie benutzen es, um Rangkämpfe auszuführen, die die Hirschkühe beeindrucken sollen. Wenn die Paarungszeit vorbei ist, fällt das Geweih ab, denn es ist nicht mit dem Knochen verwachsen. Bis zum nächsten Jahr ist es nachgewachsen und dann ein Stückchen größer.

GEFÄHRDUNG — nicht gefährdet

Reh *Capreolus capreolus*

Ordnung: Paarhufer
Familie: Hirsche

Größe	bis 140 cm
Lebensraum	Wälder, Waldränder, Felder
Nahrung	Gräser, Blätter
Jungtiere	1–4

Kurz vor der Geburt lässt das Reh den Rehbock und die Gruppe zurück und sucht sich ein Versteck. Hier kommt das Rehkitz zur Welt. Seine Mutter, die Ricke, lässt es allein und kommt nur zum Säugen zurück. Würde sie bleiben, könnten Raubtiere das Versteck des Kleinen entdecken. Menschen, die ein Rehkitz finden, sollten also schnell weitergehen.

GEFÄHRDUNG — nicht gefährdet

Elch *Alces alces*

Ordnung: Paarhufer
Familie: Hirsche

Größe	bis 300 cm
Lebensraum	Wälder, Sümpfe
Nahrung	Zweige, Wasserpflanzen
Jungtiere	1–2

Elche leben häufig an Seen oder Sümpfen. Sie können schwimmen und sogar mehrere Meter tief tauchen. Deshalb kommen sie auch an die Wasserpflanzen heran, die am Grunde eines Sees wachsen, und werden so schneller satt. Das Geweih der männlichen Elche wird so breit wie ein Erwachsener und wird einmal im Jahr abgeworfen. Elchkühe tragen kein Geweih.

GEFÄHRDUNG — nicht gefährdet

Gämse *Rupicapra rupicapra*

Ordnung: Paarhufer
Familie: Hornträger

Größe	bis 130 cm
Lebensraum	Gebirge
Nahrung	Zweige, Kräuter, Blätter
Jungtiere	1–3

Gämsen leben in Herden von bis zu 30 Tieren und bevorzugen bergige Gegenden. Sie können gut klettern und ziemlich hoch springen. Sowohl der Gamsbock als auch die Gämse tragen Hörner. Diese bleiben immer fest sitzen und werden, anders als bei Hirschen, nicht abgeworfen. Gämsen müssen sich vor Raubtieren wie Wölfen, Luchsen oder Bären in Acht nehmen.

GEFÄHRDUNG — nicht gefährdet

Alpensteinbock *Capra ibex*

Ordnung: Paarhufer
Familie: Hornträger

Größe	bis 150 cm
Lebensraum	Gebirge
Nahrung	Kräuter, Gräser
Jungtiere	1–2

Von außen kann man es nicht sehen. Aber unter den Hörnern des Alpensteinbocks verbergen sich große Knochen, die dieselbe Form haben wie die Hörner. Die Knochen wachsen aus dem Schädel des Tieres heraus. Darüber wächst das Horn. Alpensteinböcke können ihre Hörner nicht abwerfen. Die der Männchen werden einen Meter lang. Die der Weibchen bleiben klein.

GEFÄHRDUNG — nicht gefährdet

Seehund *Phoca vitulina*

Ordnung: Raubtiere
Familie: Hundsrobben

Größe	bis 170 cm
Lebensraum	Meere, Küsten
Nahrung	Fisch
Jungtiere	1

Seehunde können unter Wasser besser sehen als an Land. Doch auch wenn das Meer trüb ist und man nicht weit gucken kann, hat der Seehund keine Probleme beim Jagen. Mit seinen langen Tasthaaren an der Schnauze kann er nämlich unter Wasser fühlen, wo ein Fisch entlang geschwommen ist. Den Wellen, die der Fisch macht, kann der Seehund einfach folgen.

GEFÄHRDUNG — nicht gefährdet

Kegelrobbe *Halichoerus grypus*

Ordnung: Raubtiere
Familie: Hundsrobben

Größe	bis 230 cm
Lebensraum	Meere, Küsten
Nahrung	Fisch
Jungtiere	1

Kegelrobben sind viel größer als Seehunde und haben eine lange Schnauze. Ihren Namen haben sie von ihren kegelförmigen Zähnen. Diese sind unten breit, oben spitz und rundherum rund. Kegelrobben sind an Land vielleicht ein bisschen schwerfällig. Unter Wasser aber sind sie elegante Schwimmer, die mit den Vorderflossen die Richtung steuern können.

GEFÄHRDUNG — nicht gefährdet

Schweinswal *Phocoena phocoena*

Ordnung: Wale
Familie: Schweinswale

Größe	bis 180 cm
Lebensraum	Meere
Nahrung	Fisch
Jungtiere	1

Schweinswale heißen auch Meerschweine oder Braunfische. Dabei sind sie eigentlich gar keine Fische, sondern Säugetiere. Sie haben zwar kein Fell wie ein Hirsch oder ein Iltis, aber wie alle Säugetiere haben sie eine Lunge. Wenn ein Schweinswal untertaucht, muss er die Luft anhalten. Wäre er ein Fisch, hätte er Kiemen und könnte unter Wasser atmen.

GEFÄHRDUNG — nicht gefährdet

Vögel

Was sind Vögel?

Vögel haben Hinterbeine mit Füßen. Dort wo ein Säugetier seine Vorderbeine und der Mensch seine Arme hat, haben Vögel Flügel. Die Haut eines Vogels ist von Federn bedeckt. Sie halten das Tier warm und schützen es sogar vor Regen. Die Farbe der Federn kann unterschiedlich sein. Einige Vögel sind sehr bunt, andere eher unscheinbar. In der Paarungszeit färben sich viele Männchen auffällig.

Vögel haben keine Zähne, sondern einen Schnabel. Bei einigen Vogelarten ist er lang und dünn. Dann eignet er sich zum Fangen von Insekten. Andere Arten haben einen sehr kurzen, dicken Schnabel. Mit ihm knacken sie auch harte Nussschalen.

Bei einigen Vögeln kann man Männchen und Weibchen nur am Schnabel unterscheiden. Beim Eisvogel zum Beispiel hat das Männchen einen schwarzen Schnabel. Die untere Schnabelhälfte des Weibchens hingegen ist orange.

Die Flügel

Die Flügel eines Vogels sind etwas ganz Besonderes. Jede Feder ist genau richtig angeordnet. Wenn ein Vogel mit den Flügeln schlägt, arbeiten kräftige Muskeln und helfen dabei, das Tier in die Luft zu bringen. Einige Vögel können auf ihren Flügeln auch gleiten. Dann halten sie ihre Flügel ausgebreitet, ohne mit ihnen zu schlagen, und segeln auf dem Wind dahin. Das klappt aber nur, wenn es nicht völlig windstill ist. Vögel, die das Segeln beherrschen, wissen, dass sie den Wind auch nutzen können, um sich höher hinauf tragen zu lassen. Warme Luft steigt nämlich nach oben und erzeugt Thermik: einen warmen Aufwind.

Handschwingen

Schnabel

Armschwingen

Füße

Steuerfedern

Auerhuhn *Tetrao urogallus*

Ordnung: Hühnervögel
Familie: Fasanenartige

Größe	bis 90 cm
Lebensraum	Wälder
Nahrung	Heidelbeeren, Insekten, Blätter
Eier	6–10

Das Männchen des Auerhuhns, der Auerhahn, hat eine besondere Methode, um ein Weibchen zur Paarung zu überreden: Er singt. Dazu sitzt er zuerst auf einem Baum und später am Boden. Der Balzgesang besteht aus verschiedenen Strophen und für den Fall, dass eine Auerhenne in der Nähe ist, wirft sich der Hahn auch noch mit aufgefächerten Schwanzfedern in Pose.

GEFÄHRDUNG — nicht gefährdet

Birkhuhn *Lyrurus tetrix*

Ordnung: Hühnervögel
Familie: Fasanenartige

Größe	bis 60 cm
Lebensraum	Wälder, Moore, Gebirge
Nahrung	Insekten, Gräser, Knospen
Eier	7–10

Während der Paarungszeit sind die roten Hautflecken auf der Stirn des Birkhahns besonders deutlich zu sehen. Sie schwellen an und sind so weithin sichtbar. Birkhuhn-Weibchen sind viel schlichter gefärbt. Ihr Gefieder ist hell- und dunkelbraun gescheckt. Das ist später nützlich, wenn sie auf den Eiern sitzen und unauffällig brüten wollen.

GEFÄHRDUNG — nicht gefährdet

Rebhuhn *Perdix perdix*

Ordnung: Hühnervögel
Familie: Fasanenartige

Größe	bis 30 cm
Lebensraum	Felder, Wiesen
Nahrung	Kräuter, Samen
Eier	10–20

Rebhühner sind eigentlich ziemlich entspannt, was den Umgang mit Artgenossen angeht. Sie leben gerne mit anderen Rebhühnern zusammen – besonders im Winter. Doch in der Paarungszeit können auch Rebhühner mal streiten. Ein Rebhuhn-Paar verteidigt dann plötzlich sein eigenes Revier und hält Eindringlinge fern. So schützt es sein Nest und seine Küken.

GEFÄHRDUNG — nicht gefährdet

Fasan *Phasianus colchicus*

Ordnung: Hühnervögel
Familie: Fasanenartige

Größe	bis 40 cm
Lebensraum	Wiesen, Wälder, Hecken
Nahrung	Samen, Früchte, Insekten
Eier	8–12

Fasanenhähne erkennt man an ihrem roten Gesicht und dem bunten Gefieder mit den auffallend langen Schwanzfedern. Fasanenhennen sind braun gefleckt und deutlich unauffälliger. In der Dunkelheit suchen Fasane Schutz auf den Ästen hoher Bäume. Am Boden schlafen sie nicht besonders gerne, weil dort Raubtiere wie Füchse umherstreifen könnten.

GEFÄHRDUNG — nicht gefährdet

Haubentaucher *Podiceps cristatus*

Ordnung: Lappentaucherartige
Familie: Lappentaucher

Größe	bis 50 cm
Lebensraum	Gewässer
Nahrung	Fisch
Eier	3–4

Der Haubentaucher erscheint von Weitem wie eine Ente. Doch von Nahem sieht man seinen spitzen Schnabel und den dunklen Federschopf auf seinem Kopf. Junge Haubentaucher schlüpfen nicht zur selben Zeit, sondern im Abstand von zwei Tagen. Sie können sofort schwimmen, haben am Anfang aber noch wenig Kraft. Ihre Eltern tragen sie deshalb oft auf dem Rücken.

GEFÄHRDUNG — nicht gefährdet

Kormoran *Phalacrocorax carbo*

Ordnung: Tölpelvögel
Familie: Kormorane

Größe	bis 90 cm
Lebensraum	Gewässer
Nahrung	Fisch
Eier	5–6

Kormorane leben am Wasser. Sie können sehr gut tauchen und stürzen sich oft kopfüber ins Wasser, um Jagd auf Fische zu machen. Beim Tauchen paddeln sie mit ihren großen Füßen und kommen schnell voran. Anders als Enten, von deren Gefieder Wasser abperlt, werden Kormorane beim Tauchen total nass. Deshalb sitzen sie hinterher am Ufer und trocknen ihre Flügel.

GEFÄHRDUNG — nicht gefährdet

Graureiher *Ardea cinerea*

Ordnung: Ruderfüßer
Familie: Reiher

Größe	bis 100 cm
Lebensraum	Gewässer
Nahrung	Fisch, Mäuse, Schlangen
Eier	4–5

Der Graureiher benutzt seinen langen Hals und seine langen Beine, um sich unauffällig an seine Beute heran zu schleichen. Wenn er Jagd auf Mäuse macht, schreitet er sehr langsam über eine Wiese. Jagt er Fische, stakst er vorsichtig durchs Wasser. Sobald er ein Beutetier entdeckt, beugt er sich nach vorne und stößt dann blitzschnell mit dem Schnabel zu.

GEFÄHRDUNG — nicht gefährdet

Weißstorch *Ciconia ciconia*

Ordnung: Schreitvögel
Familie: Störche

Größe	bis 100 cm
Lebensraum	Wiesen, Felder
Nahrung	Frösche, Mäuse, Schlangen
Eier	2–4

Störche verbringen den Winter in Afrika. Im Frühjahr kommen sie zurück, um zu brüten. Dabei steuern sie den Ort an, an dem sie im letzten Jahr ihr Nest gebaut und Küken großgezogen haben. Dort treffen sie auf den Partner vom letzten Jahr, der ebenfalls das alte Nest anfliegt. Die Störche sind also nicht einander treu, sondern bloß ihrem Nistplatz.

GEFÄHRDUNG **nicht gefährdet**

Höckerschwan *Cygnus olor*

Ordnung: Gänsevögel
Familie: Entenvögel

Größe	bis 150 cm
Lebensraum	Gewässer
Nahrung	Wasserpflanzen, Muscheln
Eier	5–8

Höckerschwäne, die gerade Küken großziehen, sind ziemlich schnell schlecht gelaunt. Sobald sie das Gefühl haben, ihre Küken seien von einem Eindringling bedroht, fangen sie an zu fauchen. Wer die Warnung nicht schnell genug versteht, wird angegriffen und vertrieben. Zu Beginn sind die Küken hellgrau. Weiß werden sie erst, wenn sie erwachsen sind.

GEFÄHRDUNG nicht gefährdet

Graugans *Anser anser*

Ordnung: Gänsevögel
Familie: Entenvögel

Größe	bis 90 cm
Lebensraum	Wiesen, Gewässer
Nahrung	Gräser, Wurzeln, Feldfrüchte
Eier	4–6

Wenn die Graugänse sich im Herbst auf den Weg in die warmen Winterquartiere machen, fliegen sie in einer pfeilförmigen Linie. Die V-Formation, die die Gänse bilden, hilft ihnen dabei, auf dem langen Weg Kraft zu sparen. Jede Gans fliegt dabei in dem Luftwirbel, den die Gans vor ihr verursacht. An der Spitze wechseln sich die Gänse regelmäßig ab.

GEFÄHRDUNG   nicht gefährdet

Saatgans *Anser fabalis*

Ordnung: Gänsevögel
Familie: Entenvögel

Größe	bis 90 cm
Lebensraum	Moore, Gewässer
Nahrung	Gräser, Kräuter, Beeren
Eier	4–6

Zugvögel fliegen im Winter in den Süden. Im Sommer kehren sie in den Norden zurück, um dort zu brüten. Auch die Saatgans fliegt im Winter in den Süden, aber ihre Überwinterungsgebiete liegen nicht etwa in Afrika, sondern hier bei uns. Im Sommer fliegt sie zurück in die kalten Gebiete der Arktis, um dort zu brüten. Saatgänse finden es bei uns also warm.

GEFÄHRDUNG — nicht gefährdet

Krickente *Anas crecca*

Ordnung: Gänsevögel
Familie: Entenvögel

Größe	bis 35 cm
Lebensraum	Moore, Gewässer
Nahrung	Würmer, Kräuter
Eier	8–11

Der Hals der Krickente ist so kurz, dass sie bei der Nahrungssuche nicht auf den Boden tiefer Teiche gelangt. Wenn sie nach Wasserpflanzen oder kleinen Bodentieren sucht, bleibt sie deshalb im flachen Wasser. Sie findet nur dort Nahrung, wo das Gewässer nicht tiefer ist als ihr Hals lang. Die Wassertiefe beträgt dann etwa zwanzig Zentimeter.

GEFÄHRDUNG — nicht gefährdet

Eiderente *Somateria mollissima*

Ordnung: Gänsevögel
Familie: Entenvögel

Größe	bis 55 cm
Lebensraum	Küsten
Nahrung	Muscheln, Krebse, Fische
Eier	4–6

Eiderenten haben einen sehr starken Magen – im wahrsten Sinne. Sie können Muscheln mitsamt der Schale hinunterschlucken. Der Entenmagen zieht sich dann zusammen und knackt die Muschel auf. Die Schale würgt die Ente anschließend wieder nach oben und spuckt sie dann aus. Um an ein paar leckere Muscheln heranzukommen, kann die Eiderente sehr tief tauchen.

GEFÄHRDUNG nicht gefährdet

Kranich *Grus grus*

Ordnung: Kranichvögel
Familie: Kraniche

Größe	bis 110 cm
Lebensraum	Wiesen, Sümpfe, Wälder
Nahrung	Mäuse, Fische, Pflanzen
Eier	2

Kraniche leben in großen Kolonien. Wenn so eine Gruppe losfliegen möchte, erkennt man das schon vorher. Dann beginnen nämlich alle Vögel, mit dem langen Hals zu nicken und sich gegenseitig das Startsignal zuzurufen. Ein Paar, das zusammen ein Nest baut, tanzt auch häufig zusammen. Dann springen die Tiere hoch, schlagen mit den Flügeln und trompeten laut.

GEFÄHRDUNG — nicht gefährdet

Austernfischer *Haematopus ostralegus*

Ordnung: Regenpfeiferartige
Familie: Austernfischer

Größe	bis 40 cm
Lebensraum	Küsten, Wiesen
Nahrung	Muscheln, Würmer
Eier	3

Austernfischer leben gern an Küsten, an denen es Ebbe und Flut gibt. Wenn sich bei Ebbe das Meer zurückzieht, suchen die Austernfischer den freiliegenden Meeresboden nach Nahrung ab. Mit ihrem langen Schnabel stochern sie im weichen Boden nach Würmern und Muscheln. Wenn die Ebbe nachts eintritt, bleiben die Austernfischer einfach wach.

GEFÄHRDUNG — nicht gefährdet

Flussregenpfeifer *Charadrius dubius*

Ordnung: Regenpfeiferartige
Familie: Regenpfeifer

Größe	bis 18 cm
Lebensraum	Flussufer
Nahrung	Insekten, Spinnen, Würmer
Eier	4

Möchte das Männchen des Flussregenpfeifers ein Weibchen anlocken, baut es ihm gleich mehrere Nester. Bei Flussregenpfeifern bedeutet das: Das Männchen schaufelt eine flache Mulde in den Boden und legt Blätter hinein. Das Weibchen schaut sich alle Nester an. Gefällt ihm eines, setzt es sich hinein und die Vögel beginnen mit dem Eierlegen und Brüten.

GEFÄHRDUNG — nicht gefährdet

Kiebitz *Vanellus vanellus*

Ordnung: Regenpfeiferartige
Familie: Regenpfeifer

Größe	bis 30 cm
Lebensraum	Wiesen, Küsten
Nahrung	Insekten, Würmer
Eier	4

Das Nest eines Kiebitzes ist häufig kaum zu sehen. Die Vögel legen ihre Eier nämlich auf steinige Böden. Sowohl die Eierschale als auch die Küken haben Flecken und sind gut getarnt. Kommt ein Fuchs am Nest vorbei, beginnt der Kiebitz ein beeindruckendes Schauspiel. Er tut so, als sei er verletzt, und lockt den Räuber so vom Nest weg. Dann fliegt er los.

GEFÄHRDUNG — beinahe gefährdet

Waldschnepfe *Scolopax rusticola*

Ordnung: Regenpfeiferartige
Familie: Schnepfenvögel

Größe	bis 38 cm
Lebensraum	Wälder
Nahrung	Würmer, Spinnen, Insekten
Eier	4

Waldschnepfen verlassen sich auf ihre Tarnung. Sie bleiben regungslos auf dem Boden sitzen und hoffen, dass man sie nicht sieht. Meistens klappt das auch. Die Küken der Waldschnepfe schlüpfen mit kurzen Schnäbeln aus dem Ei. Erst später wächst dieser zum typischen langen Schnepfenschnabel heran. Mit diesem sucht die Schnepfe im Boden nach Nahrung.

GEFÄHRDUNG — nicht gefährdet

Großer Brachvogel *Numenius arquata*

Ordnung: Regenpfeiferartige
Familie: Schnepfenvögel

Größe	bis 60 cm
Lebensraum	Moore, Wiesen, Küsten
Nahrung	Muscheln, Würmer, Insekten
Eier	4

Der lange, gebogene Schnabel des Großen Brachvogels ist ein großer Vorteil. Wenn der Vogel damit im Boden stochert, gelangt er auch in die tiefen Schichten, die andere Vögel nicht erreichen können. Große Brachvögel suchen auf Wiesen oder an den Küsten nach Nahrung. Muscheln, Schnecken und Würmer gehören zu ihrer Hauptbeute und werden blitzschnell gepackt.

GEFÄHRDUNG — beinahe gefährdet

Lachmöwe *Chroicocephalus ridibundus*

**Regenpfeiferartige
Familie: Möwen**

Größe	bis 38 cm
Lebensraum	Gewässer
Nahrung	Würmer, Krebse, Fische
Eier	3

Manche Menschen sprechen den Namen der Lachmöwe mit einem kurzen „a". Denn der Ruf der Vögel klingt tatsächlich so, als würden sie lachen. Die Lachmöwe ist dann also eine lachende Möwe. Ihr Name kann aber auch mit einem langen „a" ausgesprochen werden, denn die Möwen brüten in Kolonien an Wasserlachen – flachen Gewässern. Beide Namen sind also richtig.

GEFÄHRDUNG — nicht gefährdet

Silbermöwe *Larus argentatus*

Ordnung: Regenpfeiferartige
Familie: Möwen

Größe	bis 65 cm
Lebensraum	Küsten
Nahrung	Krebse, Fische, Kleintiere
Eier	2–3

Silbermöwen bilden feste Paare, die manchmal für eine Brutzeit und manchmal für immer halten. Ein Silbermöwen-Männchen, das ein Weibchen für sich gewinnen möchte, gibt ihm Futter ab. Gleichzeitig vertreibt es andere Männchen. Silbermöwen brüten in großen Kolonien. Die Eier der Möwen sind größer als ein Hühnerei und haben graue und braune Flecken.

GEFÄHRDUNG — **nicht gefährdet**

Mantelmöwe *Larus marinus*

Ordnung: Regenpfeiferartige
Familie: Möwen

Größe	bis 78 cm
Lebensraum	Küsten
Nahrung	Muscheln, Kleintiere, Vögel
Eier	3

Eine Mantelmöwe erkennt man an ihren dunklen Flügeln und daran, dass sie ein ganzes Stück größer ist als die bekannte Silbermöwe. Mantelmöwen brüten nicht auf Bäumen, suchen sich aber trotzdem einen Nistplatz, der vor Feinden sicher ist. Sie bauen ihr Nest am Boden – vor allem auf kleinen Inseln oder auf Sandbänken in der Mitte von Flüssen.

GEFÄHRDUNG — nicht gefährdet

Sturmmöwe *Larus canus*

Ordnung: Regenpfeiferartige
Familie: Möwen

Größe	bis 45 cm
Lebensraum	Küsten, Seen
Nahrung	Würmer, Eier, Kleintiere
Eier	2–3

Während der Brutzeit sind die Beine und der Schnabel der Sturmmöwe leuchtend gelb. Um das Auge herum befindet sich ein dünner, roter Ring. Die Farben verschwinden, wenn die Brutzeit vorbei ist. Dann sind die Beine der Möwe viel blasser und auch der Schnabel ist unauffällig gefärbt. Junge Sturmmöwen sind braun-weiß gefleckt und haben dunkle Schnäbel.

GEFÄHRDUNG — nicht gefährdet

Flussseeschwalbe *Sterna hirundo*

Ordnung: Regenpfeiferartige
Familie: Seeschwalben

Größe	bis 30 cm
Lebensraum	Küsten, Flüsse, Seen
Nahrung	Fische, Würmer, Insekten
Eier	1–4

Das Nest einer Flussseeschwalbe ist eine einfache Mulde im Boden, in die die Vögel noch ein paar lange Grashalme geben. Ehe das Weibchen seine Eier dort hineinlegt, muss erst noch der Balztanz vollzogen werden. Das Männchen fängt vorher einen kleinen Fisch und hält ihn dem Weibchen vor die Nase. Damit möchte es zeigen, dass es ein guter Jäger ist.

GEFÄHRDUNG — **nicht gefährdet**

Trottellumme *Uria aalge*

Ordnung: Regenpfeiferartige
Familie: Alkenvögel

Größe	bis 45 cm
Lebensraum	Felsklippen
Nahrung	Fische, Krebse
Eier	1

Die Brutkolonien der Trottellumme sehen ziemlich abenteuerlich aus. Die Vögel legen ihr einziges Ei auf schmalen Felsklippen ab. Die Küken wissen, dass sie sich nicht viel bewegen dürfen, und bleiben einfach sitzen. Im Alter von drei Wochen springen die Küken von der Felskante ins Meer. Sie können dann zwar noch nicht fliegen, aber schon gut schwimmen.

GEFÄHRDUNG   nicht gefährdet

Zaunkönig *Troglodytes troglodytes*

Ordnung: Sperlingsvögel
Familie: Zaunkönige

Größe	bis 11 cm
Lebensraum	Wälder, Gärten, Hecken
Nahrung	Spinnen, Insekten
Eier	5–8

Einem Märchen nach bekam der Zaunkönig seinen Namen von einem Wettstreit der Vögel um die Königskrone. Alle Vögel versuchten so hoch wie möglich zu fliegen und glaubten, der Adler würde gewinnen. Der Zaunkönig hingegen versteckte sich unbemerkt im Adlergefieder. Hoch oben flatterte er heraus, übertrumpfte alle andern und wurde so der König der Vögel.

GEFÄHRDUNG — **nicht gefährdet**

Bachstelze *Motacilla alba*

Ordnung: Sperlingsvögel
Familie: Stelzen und Pieper

Größe	bis 19 cm
Lebensraum	Wiesen, Felder, Ufer
Nahrung	Insekten
Eier	5–6

Die Bachstelze kann ihre Nahrung im Flug fangen. Sie lauert auf Insekten wie Mücken und Fliegen, die sie häufig in der Nähe von Gewässern findet. Auch vor Schnecken oder kleinen Krebsen macht sie nicht halt. Bachstelzen, die an Ufern leben, bauen ihre Nester aus Schilfhalmen. Im Innern des Nests legen die Vögel ein Polster aus Moos und Tierhaaren an.

GEFÄHRDUNG — nicht gefährdet

Gebirgsstelze *Motacilla cinerea*

Ordnung: Sperlingsvögel
Familie: Stelzen und Pieper

Größe	bis 20 cm
Lebensraum	Ufer
Nahrung	Insekten
Eier	5

Das Männchen der Gebirgsstelze hat einen leuchtend gelben Bauch. Das Weibchen ist etwas schlichter gefärbt. Beide leben am liebsten am Wasser, denn nur dort finden sie geeignete Plätze für ein Nest. Das Weibchen hält dafür Ausschau nach einem Steilufer oder einer Böschung. Dorthin trägt es Grashalme und Moos für ein einfaches Nest.

GEFÄHRDUNG — nicht gefährdet

Gartengrasmücke *Sylvia borin*

Ordnung: Sperlingsvögel
Familie: Grasmückenartige

Größe	bis 14 cm
Lebensraum	Waldränder, Parks
Nahrung	Insekten, Spinnen, Früchte
Eier	4–5

Junge Gartengrasmücken sind Nesthocker. Sie schlüpfen nackt und blind aus dem Ei und brauchen einige Zeit, bis sie selbstständig sind. Bis ihnen Federn wachsen und sie das Nest verlassen können, vergehen etwa zwei Wochen. In dieser Zeit werden die Küken von ihren Eltern mit Insekten, Spinnen und Raupen gefüttert. Das Fliegen lernen sie kurz danach.

GEFÄHRDUNG — nicht gefährdet

Mönchsgrasmücke *Sylvia atricapilla*

Ordnung: Sperlingsvögel
Familie: Grasmückenartige

Größe	bis 15 cm
Lebensraum	Wälder, Gärten, Parks
Nahrung	Blüten, Insekten
Eier	5

Manchmal hört man in einem Garten Vogelrufe, die so klingen, als würde jemand zwei Kieselsteine aneinander schlagen. Das ist wahrscheinlich eine Mönchsgrasmücke, die irgendwo im Gebüsch sitzt und die anderen Vögel vor Feinden warnt. Mönchsgrasmücken können aber auch lange Melodien singen, die sie von ihrem Vater lernen und später nachmachen.

GEFÄHRDUNG — **nicht gefährdet**

Klappergrasmücke *Sylvia curruca*

Ordnung: Sperlingsvögel
Familie: Grasmückenartige

Größe	bis 13 cm
Lebensraum	Wälder, Gärten, Gebirge
Nahrung	Spinnen, Insekten, Beeren
Eier	3–5

Beim Brüten wechseln sich Männchen und Weibchen der Klappergrasmücke ab. Manchmal schlüpfen drei Küken aus den Eiern, manchmal vier und dann wieder fünf. Wie viele Eier das Weibchen legt, hängt davon ab, wie gut das Futter in der Umgebung ist. Die Küken strecken den Kopf aus dem Nest und sperren die Schnäbel auf, damit ihre Eltern ihnen Insekten bringen.

GEFÄHRDUNG — **nicht gefährdet**

Schilfrohrsänger
Acrocephalus schoenobaenus

Ordnung: Sperlingsvögel
Familie: Rohrsängerartige

Größe	bis 13 cm
Lebensraum	Ufer
Nahrung	Insekten, Spinnen, Beeren
Eier	4–6

Schilf ist eine Pflanze, die am Ufer von Seen und Teichen wächst. Der Schilfrohrsänger hält sich gerne zwischen den hohen Halmen auf, weil er dort geeignete Nahrung findet. So dicht am Wasser fängt er hauptsächlich Insekten und Spinnen. Am Ufer sammelt er aber auch Beeren oder kleine Schnecken auf. Schilfrohrsänger fliegen im Winter nach Afrika.

GEFÄHRDUNG — nicht gefährdet

Waldlaubsänger *Phylloscopus sibilatrix*

Ordnung: Sperlingsvögel
Familie: Laubsängerartige

Größe	bis 13 cm
Lebensraum	Wälder, Parks
Nahrung	Spinnen, Insekten, Beeren
Eier	6–7

Die Männchen und Weibchen des Waldlaubsängers sehen sich ziemlich ähnlich. Beide tragen ein grün-gelbes Gefieder und einen hellen Streifen über dem Auge. Wenn Waldlaubsänger singen, klingt das mal so und mal so. Die Tiere kennen zwei verschiedene Gesänge, die sie gerne mischen. Waldlaubsänger-Männchen brüten manchmal mit zwei Weibchen gleichzeitig.

GEFÄHRDUNG — nicht gefährdet

Zilpzalp *Phylloscopus collybita*

Ordnung: Sperlingsvögel
Familie: Laubsängerartige

Größe	bis 12 cm
Lebensraum	Wälder, Parks
Nahrung	Spinnen, Insekten
Eier	4–6

Der Zilpzalp versteckt sich die meiste Zeit in dichten Büschen und unzugänglichem Gestrüpp. Er ist so gut getarnt, dass er kaum auffällt. Den meisten Greifvögeln ist die Jagd auf den Zilpzalp viel zu kompliziert. Doch der Sperber lässt sich von ein paar Zweigen nicht abschrecken. Während der Jagd verfolgt er den Zilpzalp manchmal bis ins Gebüsch hinein.

GEFÄHRDUNG — nicht gefährdet

Feldsperling *Passer montanus*

Ordnung: Sperlingsvögel
Familie: Sperlinge

Größe	bis 15 cm
Lebensraum	Parks, Gärten
Nahrung	Gräser, Samen
Eier	4–6

Feldsperlinge brüten am liebsten mit ihrem Partner allein. Doch im Rest des Jahres ziehen sie gerne mit anderen Feldsperlingen umher. Dabei vermischt sich die Gruppe manchmal mit einer Gruppe Haussperlinge. Das geht meistens gut, außer die Tiere finden eine gute Stelle für ein Sandbad. Dann möchte jeder den Platz am liebsten für sich allein haben.

GEFÄHRDUNG — nicht gefährdet

Haussperling *Passer domesticus*

Ordnung: Sperlingsvögel
Familie: Sperlinge

Größe	bis 15 cm
Lebensraum	Gärten, Parks
Nahrung	Insekten, Getreide
Eier	4–6

Genau wie der Feldsperling nimmt auch der Haussperling gerne ein Bad. Das kann in einer Pfütze sein oder in einem Vogelbad. Doch Haussperlinge baden auch gerne in Sand. Der muss ganz feine Körner haben, damit er leicht zwischen die Federn gelangt. Anschließend schüttelt der Sperling den Sand ab und beginnt, seine Federn mit dem Schnabel zu putzen.

GEFÄHRDUNG — nicht gefährdet

Beutelmeise *Remiz pendulinus*

Ordnung: Sperlingsvögel
Familie: Beutelmeisen

Größe	bis 12 cm
Lebensraum	Waldränder, Ufer
Nahrung	Spinnen, Insekten, Samen
Eier	5–8

Die Beutelmeise hat ihren Namen von ihrem einzigartigen Nest. Das Männchen der Meisen baut es an einen Ast und fügt dafür Pflanzenstängel, Spinnweben und weiche Pflanzenteile zusammen. Das fertige Nest sieht aus wie ein Beutel und hängt an einem Ast nach unten. Das Weibchen sucht sich aus mehreren Nestern das beste aus uns legt dort seine Eier ab.

GEFÄHRDUNG — **nicht gefährdet**

Kohlmeise *Parus major*

Ordnung: Sperlingsvögel
Familie: Meisen

Größe	bis 15 cm
Lebensraum	Wälder, Gärten, Parks
Nahrung	Spinnen, Insekten, Samen
Eier	6–12

Wenn Kohlmeisen-Männchen einem anderen Männchen drohen wollen, heben sie den Kopf und strecken den Schnabel nach oben. Dadurch wird die dunkle Zeichnung auf ihrer Brust besonders gut sichtbar. Für den Rivalen ist das das Zeichen, dass er lieber verschwinden sollte. Meistens klappt das auch. Nur ab und zu klären die Meisen in einem Kampf, wer stärker ist.

GEFÄHRDUNG — nicht gefährdet

Blaumeise *Cyanistes caeruleus*

Ordnung: Sperlingsvögel
Familie: Meisen

Größe	bis 12 cm
Lebensraum	Wälder, Gärten, Parks
Nahrung	Insekten, Knospen, Früchte
Eier	6–12

Blaumeisen können Insekten finden, selbst wenn diese sehr klein sind. Blattläuse zum Beispiel sind ziemlich klein und gehören trotzdem zur Lieblingsspeise der Blaumeise. Im Herbst suchen sich Blaumeisen häufig einen Futterplatz aus, an dem Buchen stehen, und sammeln die heruntergefallenen Bucheckern auf. Eicheln mögen sie allerdings auch ganz gern.

GEFÄHRDUNG — **nicht gefährdet**

Schwanzmeise *Aegithalos caudatus*

Ordnung: Sperlingsvögel
Familie: Schwanzmeisen

Größe	bis 15 cm
Lebensraum	Wälder, Parks
Nahrung	Insekten, Samen
Eier	8–12

Mithilfe ihrer langen Schwanzfedern kann die Schwanzmeise auch dann noch ihr Gleichgewicht halten, wenn sie auf dünnen Ästen durch die Bäume turnt. Schwanzmeisen leben in kleinen Gruppen, aber wenn sie ihr Nest bauen, bleiben sie lieber mit ihrem Partner allein. Zu den echten Meisen gehören sie übrigens nicht. Sie sind eher verwandt mit Schwalben.

GEFÄHRDUNG — nicht gefährdet

Grünfink *Chloris chloris*

Ordnung: Sperlingsvögel
Familie: Finken

Größe	bis 16 cm
Lebensraum	Wälder, Gärten, Parks
Nahrung	Samen, Knospen, Beeren
Eier	5–6

Der Grünfink hat einen kräftigen Schnabel, mit dem er Samen und Knospen zerlegen kann. In seinem Gefieder mischen sich Gelb-, Grün- und Grautöne, wobei die Männchen intensivere Farben haben. Weibliche Grünfinken sind grün-grau und blasser als ihre Partner. Grünfinken beherrschen verschiedene Gesänge und mischen diese häufig miteinander.

GEFÄHRDUNG — nicht gefährdet

Stieglitz *Carduelis carduelis*

Ordnung: Sperlingsvögel
Familie: Finken

Größe	bis 13 cm
Lebensraum	Waldränder, Hecken, Gärten
Nahrung	Disteln, Kräuter
Eier	5

Ein anderer Name für den Stieglitz lautet Distelfink. Das kommt daher, dass der Vogel gerne in der Nähe von Distelpflanzen lebt und ihre Samen frisst. Im Gegensatz zu vielen anderen Vögeln ist beim Stieglitz nicht nur das Männchen sehr bunt. Auch die Weibchen haben leuchtend rote und gelbe Federn und fallen durch deutliche Kontraste auf.

GEFÄHRDUNG — nicht gefährdet

Buchfink *Fringilla coelebs*

Ordnung: Sperlingsvögel
Familie: Finken

Größe	bis 18 cm
Lebensraum	Wälder, Gärten, Parks
Nahrung	Beeren, Samen, Insekten
Eier	4–6

Wenn ein Buchfink-Männchen einen guten Nistplatz gefunden hat, wissen das auch gleich alle anderen Buchfinken. Der Vogel sitzt nämlich auf einem Ast und lässt einen lauten Gesang ertönen, der andere Finken fernhalten soll. Das Weibchen baut sein Nest völlig ohne Äste und Zweige. Es benutzt lange Halme, viel Moos und als Polsterung Federn und Tierhaare.

GEFÄHRDUNG — nicht gefährdet

Gimpel *Pyrrhula pyrrhula*

Ordnung: Sperlingsvögel
Familie: Finken

Größe	bis 19 cm
Lebensraum	Wälder, Gärten, Parks
Nahrung	Samen, Knospen
Eier	4–6

Gimpel heißen auch Blutfinken – wahrscheinlich wegen der roten Färbung der Männchen. Die Gimpel-Weibchen haben auch einen dunklen Kopf und dunkle Flügelenden, sind ansonsten jedoch hellbraun gefärbt. Ein Gimpelpaar zieht häufig gemeinsam umher und wechselt sich nach dem Brüten mit dem Füttern der Jungtiere ab. Manche bleiben auch im Winter noch zusammen.

GEFÄHRDUNG — nicht gefährdet

Heckenbraunelle *Prunella modularis*

Ordnung: Sperlingsvögel
Familie: Braunellen

Größe	bis 15 cm
Lebensraum	Waldränder, Gärten, Parks
Nahrung	Pflanzen, Samen, Insekten
Eier	3–6

Die Eier der Heckenbraunelle sind sehr hübsch gefärbt. Leider fallen sie durch ihre helle grün-blaue Farbe auch Tieren auf, die gerne Vogelnester ausräubern. Ein Eichhörnchen kann das Nest der Heckenbraunelle zum Beispiel schnell entdecken. Häufig haben die Vögel aber auch Glück und das Nest ist gut genug versteckt. Dann schlüpfen bis zu sechs Küken.

GEFÄHRDUNG   nicht gefährdet

Goldammer *Emberiza citrinella*

Ordnung: Sperlingsvögel
Familie: Ammern

Größe	bis 17 cm
Lebensraum	Hecken, Büsche
Nahrung	Spinnen, Insekten
Eier	3–5

Wenn man es nicht besser wüsste, würde man meinen, in einigen Gärten säße ein entflogener Kanarienvogel auf dem Baum. In Wirklichkeit ist es aber eine leuchtend gelb gefärbte Goldammer. Die Vögel suchen nach Spinnen oder Insekten, die sie sogar noch lieber mögen als Pflanzensamen. Goldammern schließen sich im Winter zu großen Gruppen zusammen.

GEFÄHRDUNG — nicht gefährdet

Zaunammer *Emberiza cirlus*

Ordnung: Sperlingsvögel
Familie: Ammern

Größe	bis 16 cm
Lebensraum	Büsche, Feldränder
Nahrung	Samen, Spinnen, Insekten
Eier	3–4

Zaunammern fressen gerne die Samen von Sträuchern oder Bäumen. Doch in der Zeit, in der sie Küken großziehen, fangen sie lieber Insekten oder Spinnen. Das liegt daran, dass der Nachwuchs der Zaunammern zum Wachsen viel Kraft benötigt und mit Insekten schneller satt wird. Sobald die Küken flügge sind, legt das Weibchen der Zaunammer noch einmal Eier.

GEFÄHRDUNG — **nicht gefährdet**

Grauschnäpper *Muscicapa striata*

Ordnung: Sperlingsvögel
Familie: Fliegenschnäpper

Größe	bis 15 cm
Lebensraum	Parks, Gärten, Feldränder
Nahrung	Insekten
Eier	4–5

Grauschnäpper sind gute Jäger. Sie suchen sich einen hohen Ast und starten von dort ihren Jagdflug. Die Vögel können ihre Beute im Flug fangen und konzentrieren sich dabei auf Fliegen, Wespen oder Hummeln. Doch auch am Boden haben Grauschnäpper Erfolg. Sie fliegen dicht über dem Gras entlang und schnappen nach allem, was auf einem Halm sitzt.

GEFÄHRDUNG — nicht gefährdet

Trauerschnäpper *Ficedula hypoleuca*

Ordnung: Sperlingsvögel
Familie: Fliegenschnäpper

Größe	bis 13 cm
Lebensraum	Wälder, Gärten, Parks
Nahrung	Insekten, Früchte
Eier	5–8

Trauerschnäpper können mithilfe ihres Flügelschlages in der Luft stehen bleiben. Das hilft ihnen dabei, wenn sie ein leckeres Insekt an einem Baumstamm entdeckt haben. Mit ihrem besonderen Rüttelflug pirschen sie sich an und schnappen sich die Beute. Große Insekten schlagen die Vögel zuerst auf etwas Hartes, um die Beine und Flügel zu entfernen.

GEFÄHRDUNG — nicht gefährdet

Nachtigall *Luscinia megarhynchos*

Ordnung: Sperlingsvögel
Familie: Fliegenschnäpper

Größe	bis 16 cm
Lebensraum	Wälder, Feldgehölze, Parks
Nahrung	Spinnen, Insekten, Würmer
Eier	4–6

Die Nachtigall gilt als besonders guter Sänger. Tatsächlich singen nur die Nachtigall-Männchen – das jedoch besonders vielfältig. Die Vögel kennen nicht nur sehr viele verschiedene Laute, sondern singen auch in verschiedenen Höhen und Tiefen. Da sie hauptsächlich nachts singt, gilt die Nachtigall als Symbol für die Nacht.

GEFÄHRDUNG — nicht gefährdet

Rotkehlchen *Erithacus rubecula*

Ordnung: Sperlingsvögel
Familie: Fliegenschnäpper

Größe	bis 13 cm
Lebensraum	Wälder, Gärten, Parks
Nahrung	Spinnen, Insekten, Beeren
Eier	5–7

Die rote Vorderseite des Halses, die Kehle, des Rotkehlchens gab ihm seinen Namen. Es gehört zu den Vögeln, die nicht laufen, sondern hüpfen, wenn sie nach Nahrung suchen. Rotkehlchen mögen Wasser. Nach einem kräftigen Regen stellen sie sich dicht neben ein paar nasse Blätter, schlagen mit den Flügeln und baden dann in den Tropfen.

GEFÄHRDUNG — **nicht gefährdet**

Hausrotschwanz *Phoenicurus ochruros*

Ordnung: Sperlingsvögel
Familie: Fliegenschnäpper

Größe	bis 14 cm
Lebensraum	Steinbrüche, Parks, Ufer
Nahrung	Spinnen, Insekten
Eier	4–5

Alle Tiere, die sechs oder acht Beine haben, sollten sich vor dem Hausrotschwanz in Acht nehmen. Denn dieser Vogel frisst am liebsten Insekten oder Spinnen und macht dabei auch nicht vor großen Beutetieren halt. Selbst eine dicke Raupe sammelt der Hausrotschwanz ein. Ist sie zu groß, um durch den Schnabel zu passen, zerkleinert er die Mahlzeit.

GEFÄHRDUNG — nicht gefährdet

Gartenrotschwanz
Phoenicurus phoenicurus

Ordnung: Sperlingsvögel
Familie: Fliegenschnäpper

Größe	bis 14 cm
Lebensraum	Wälder, Parks
Nahrung	Spinnen, Insekten, Würmer
Eier	6–7

Gartenrotschwanz-Männchen fallen auf: Sie haben ein dunkles Gesicht und einen hellen Streifen über dem Auge. Die Weibchen sind hellbraun, auch wenn sie zum Brüten eigentlich gar nicht auf eine Tarnfarbe angewiesen sind. Gartenrotschwänze brüten nämlich in Höhlen. Das kann eine Baumhöhle sein, aber auch ein Nistkasten mit breitem Einflugloch.

GEFÄHRDUNG — nicht gefährdet

Amsel *Turdus merula*

Ordnung: Sperlingsvögel
Familie: Drosseln

Größe	bis 26 cm
Lebensraum	Wälder, Gärten, Parks
Nahrung	Würmer, Insekten, Früchte
Eier	4–5

Amseln leben häufig in Städten und haben sich angewöhnt, die Menschen dort genau zu beobachten. Sucht zum Beispiel eine Amsel auf einer Wiese nach Würmern und es kommt ein Spaziergänger vorbei, fliegt sie nicht sofort weg. Stattdessen beobachtet sie genau, was der Zweibeiner macht. Nur wenn er stehen bleibt oder zu nahe kommt, fliegt die Amsel davon.

GEFÄHRDUNG — **nicht gefährdet**

Singdrossel *Turdus philomelos*

Ordnung: Sperlingsvögel
Familie: Drosseln

Größe	bis 22 cm
Lebensraum	Wälder
Nahrung	Würmer, Insekten, Schnecken
Eier	5–6

Manchmal liegen neben einem großen Stein viele kaputte Schneckenhäuser. So ein Platz heißt „Drosselschmiede", denn die Singdrossel hat hier ihre Beute bearbeitet. Die Vögel schlagen das Schneckenhaus auf den Stein – so wie ein Schmied in seiner Schmiede einen Hammer schwingt, um Eisen zu formen. Aus den kaputten Häusern sammelt der Vogel dann das Fleisch.

GEFÄHRDUNG — nicht gefährdet

Kleiber *Sitta europaea*

Ordnung: Sperlingsvögel
Familie: Kleiber

Größe	bis 14 cm
Lebensraum	Wälder, Parks, Gärten
Nahrung	Insekten, Beeren
Eier	5–9

Kleiber bleiben meistens genau dort, wo sie sich einmal niedergelassen haben. Sie halten sich immer dort auf, wo es viele Bäume gibt, denn nur hier finden sie genug Nahrung. Die Krallen des Kleibers sind so spitz, dass er damit an der Rinde rauf und runter klettern kann. Im Gegensatz zu anderen Vögeln können Kleiber kopfunter einen Baum hinab laufen.

GEFÄHRDUNG — nicht gefährdet

Mauerläufer *Tichodroma muraria*

Ordnung: Sperlingsvögel
Familie: Tichodromidae

Größe	bis 17 cm
Lebensraum	Felswände, Gebirge
Nahrung	Würmer, Schnecken
Eier	3–5

Mauerläufer leben an Felswänden und können sehr gut klettern. Sie krallen sich mit ihren Füßen am Stein fest und benutzen ihre Flügel als Stütze. Wenn er diese gerade nicht braucht, faltet er sie beim Klettern auseinander. Dadurch werden die roten und weißen Abzeichen sichtbar. Andere Vögel wissen dann, dass dieser Felsen schon besetzt ist.

GEFÄHRDUNG — nicht gefährdet

Star *Sturnus vulgaris*

Ordnung: Sperlingsvögel
Familie: Stare

Größe	bis 22 cm
Lebensraum	Felder, Gärten, Parks
Nahrung	Würmer, Insekten, Früchte
Eier	4–8

Stare versammeln sich mit anderen Staren in riesigen Schwärmen. Manchmal fliegen dabei mehrere Zehntausend Tiere gemeinsam umher. Jeder Vogel muss genau darauf achten, was sein Nachbar macht, damit niemand zusammenstößt. Die Stare können das sehr gut. Ein fliegender Schwarm bildet am Himmel komplizierte Muster, die sich immer wieder verändern.

GEFÄHRDUNG — **nicht gefährdet**

Elster *Pica pica*

Ordnung: Sperlingsvögel
Familie: Rabenvögel

Größe	bis 50 cm
Lebensraum	Waldränder, Gärten, Parks
Nahrung	Insekten, Kleintiere, Früchte
Eier	4–7

Elstern sind leicht an ihrer schwarz-weißen Farbe und den langen Schwanzfedern zu erkennen. Untereinander können Elstern sogar einzelne Artgenossen auseinanderhalten. Die Vögel sind sehr klug. Sie legen Futterverstecke an und finden sie später wieder. Es gibt sogar Hinweise darauf, dass Elstern sich selbst in einem Spiegel erkennen können.

GEFÄHRDUNG — nicht gefährdet

Eichelhäher *Garrulus glandarius*

Ordnung: Sperlingsvögel
Familie: Rabenvögel

Größe	bis 35 cm
Lebensraum	Wälder
Nahrung	Nüsse, Insekten
Eier	4–7

Der Eichelhäher frisst gerne Eicheln. Die harte Schale schält er mit dem Schnabel ab, um an den weicheren Kern heranzukommen. Meistens holt er sich seine Nahrung selbst vom Baum. Doch ab und zu plündert er auch mal das Winterversteck eines Eichhörnchens oder verscheucht einen Specht von seiner Beute. Damit legt er dann ein eigenes Versteck an.

GEFÄHRDUNG — nicht gefährdet

Dohle *Coloeus monedula*

Ordnung: Sperlingsvögel
Familie: Rabenvögel

Größe	bis 38 cm
Lebensraum	Waldränder
Nahrung	Samen, Insekten
Eier	4–6

Dohlen mögen Gesellschaft – nicht nur die von anderen Dohlen. Häufig findet man sie in gemischten Gruppen, in denen auch Saatkrähen vorkommen. Zwischen einzelnen Dohlen entwickeln sich manchmal richtige Freundschaften, auch wenn die Tiere kein Brutpaar sind. Indem sie viele neue Dinge ausprobieren, lernen Dohlen und merken sich, was funktioniert hat.

GEFÄHRDUNG — nicht gefährdet

Alpendohle *Pyrrhocorax graculus*

Ordnung: Sperlingsvögel
Familie: Rabenvögel

Größe	bis 38 cm
Lebensraum	Gebirge
Nahrung	Insekten, Beeren, Kleintiere
Eier	3–5

Alpendohlen suchen ihre Nahrung hauptsächlich am Boden. Sie laufen kreuz und quer herum und halten Ausschau nach Beeren oder Insekten. Wenn sie es eilig haben, rennen sie. Doch Alpendohlen können auch richtig gut fliegen. Sie sind Künstler, wenn es darum geht, einen Wind zu finden, der sie nach oben trägt. Außerdem sind sie in der Luft sehr wendig.

GEFÄHRDUNG   nicht gefährdet

Saatkrähe *Corvus frugilegus*

Ordnung: Sperlingsvögel
Familie: Rabenvögel

Größe	bis 45 cm
Lebensraum	Felder, Wälder
Nahrung	Kleintiere, Früchte, Nüsse
Eier	3–6

Erwachsene Saatkrähen erkennt man leicht an der hellgrauen Haut am Schnabel. Junge Saatkrähen haben diese noch nicht, aber auch sie erkennt man daran, dass ihr Schnabel schon besonders groß ist. Was man von außen nicht sieht: Saatkrähen haben vorne am Hals einen Kehlsack, in dem sie Nahrung sammeln können. So können Krähen Fressbares transportieren.

GEFÄHRDUNG — **nicht gefährdet**

Rabenkrähe *Corvus corone*

Ordnung: Sperlingsvögel
Familie: Rabenvögel

Größe	bis 47 cm
Lebensraum	Felder, Waldränder, Parks
Nahrung	Kleintiere, Früchte, Aas
Eier	2–6

Die Rabenkrähe ist eigentlich gar keine eigene Vogelart, sondern der Name für eine schwarze Aaskrähe. Diese kommt in zwei Formen vor: der dunkeln Rabenkrähe und der hellen Nebelkrähe. Rabenkrähen sind so schlau wie einige Affenarten. Sie können einfache Probleme lösen und sich menschliche Gesichter merken. Auch Artgenossen erkennen sie wieder.

GEFÄHRDUNG — nicht gefährdet

Nebelkrähe *Corvus corone*

Ordnung: Sperlingsvögel
Familie: Rabenvögel

Größe	bis 47 cm
Lebensraum	Felder, Waldränder, Parks
Nahrung	Kleintiere, Früchte, Aas
Eier	2–6

Nebelkrähen und Rabenkrähen sind beides Aaskrähen – nur eben zwei verschiedene Farbvarianten. Die helle Nebelkrähe sieht genauso aus wie die schwarze Rabenkrähe – bis auf die grauen Federn an Bauch und Rücken. Nebelkrähen leben gerne in Gruppen. Sie bilden große Schwärme, schlafen gemeinsam auf speziellen Schlafbäumen und brüten in Kolonien.

GEFÄHRDUNG — **nicht gefährdet**

Kolkrabe *Corvus corax*

Ordnung: Sperlingsvögel
Familie: Rabenvögel

Größe	bis 65 cm
Lebensraum	Wälder, Wiesen
Nahrung	Kleintiere, Früchte, Aas
Eier	3–6

Kolkraben sind klug und lernen schnell. Sie fressen neben Früchten und Aas auch Küken und Eier und sind sehr erfinderisch darin, Nester auszurauben. Verlassen die Vogeleltern das Nest, hüpft der Rabe herbei und stiehlt die Eier. Doch Raben sind auch verspielt. Sie schaukeln an Ästen, kullern Abhänge hinunter oder werfen Gegenstände durch die Luft.

GEFÄHRDUNG — nicht gefährdet

Uferschwalbe *Riparia riparia*

Ordnung: Sperlingsvögel
Familie: Schwalben

Größe	bis 12 cm
Lebensraum	Steilufer
Nahrung	Insekten
Eier	5–6

Uferschwalben brauchen für den Nestbau unbedingt eine sandige Steilküste. Dort hinein graben sie einen langen Tunnel, an dessen Ende sich die Brutkammer befindet. Das Nest besteht aus ein paar Grashalmen oder Federn. Weil es immer weniger natürliche Steilküsten gibt, wird es für die Uferschwalben immer schwerer, einen geeigneten Ort zum Nisten zu finden.

GEFÄHRDUNG — nicht gefährdet

Mehlschwalbe *Delichon urbicum*

Ordnung: Sperlingsvögel
Familie: Schwalben

Größe	bis 13 cm
Lebensraum	Wiesen, Gewässer
Nahrung	Insekten
Eier	3–5

Die Nester der Mehlschwalbe sind wahre Kunstwerke. Die Vögel suchen sich eine glatte Wand mit Regenschutz, zum Beispiel eine Stelle unter einem Hausdach oder in einer Scheune. Dann tragen sie feuchten Lehm heran und kleben ihn in kleinen Klumpen zusammen, bis ein Nest entsteht. Das Einflugloch ist groß genug, um die Schwalbeneltern hineinzulassen.

GEFÄHRDUNG nicht gefährdet

Rauchschwalbe *Hirundo rustica*

Ordnung: Sperlingsvögel
Familie: Schwalben

Größe	bis 22 cm
Lebensraum	Wiesen, Gewässer
Nahrung	Insekten
Eier	4–5

Fliegende Rauchschwalben erkennt man an ihrem gegabelten Schwanz. Auf der Jagd nach Insekten schwirren sie in waghalsigen Manövern durch die Luft. Sie fliegen enge Kurven und schnappen nach Fliegen oder Mücken. Pro Sekunde schlagen sie dabei etwa vier Mal mit den Flügeln. Ihr Nest aus Schlamm sucht die Rauchschwalbe jahrelang immer wieder auf.

GEFÄHRDUNG — nicht gefährdet

Grünspecht *Picus viridis*

Ordnung: Spechtvögel
Familie: Spechte

Größe	bis 32 cm
Lebensraum	Waldränder, Parks
Nahrung	Ameisen
Eier	5–8

Wie andere Spechte auch baut der Grünspecht sein Nest in einer Baumhöhle. Doch im Gegensatz zu anderen Spechtarten hält er sich häufig am Boden auf. Seine Lieblingsnahrung sitzt nämlich nicht hinter der Rinde eines Baumes, sondern spaziert über den Waldboden. Grünspechte fressen am liebsten Ameisen und benutzen ihre lange Zunge, um diese aufzusammeln.

GEFÄHRDUNG — **nicht gefährdet**

Grauspecht *Picus canus*

Ordnung: Spechtvögel
Familie: Spechte

Größe	bis 33 cm
Lebensraum	Wälder
Nahrung	Ameisen
Eier	5–7

Grauspecht-Männchen, die ein Weibchen anlocken wollen, trommeln mit ihrem Schnabel laut an einen Baumstamm. Haben sich zwei Grauspechte gefunden, fliegen sie gemeinsam durch den Wald und schauen sich alle vorhandenen Baumhöhlen an. Gefällt ihnen eine, legt das Weibchen seine Eier hinein. Ein Nistkasten genügt ihnen manchmal aber auch.

GEFÄHRDUNG — **nicht gefährdet**

Buntspecht *Dendrocopos major*

Ordnung: Spechtvögel
Familie: Spechte

Größe	bis 23 cm
Lebensraum	Wälder, Parks
Nahrung	Kleintiere, Insekten, Samen
Eier	4–7

Wenn er nach Insektenlarven sucht, hängt sich der Buntspecht mit seinen scharfen Krallen an einen Baumstamm und hackt mit dem Schnabel auf die Rinde ein. Auf diese Weise holt er Tiere hervor, die darunter versteckt sind. Findet er einen morschen Stamm, legt der Buntspecht eine Bruthöhle an. Nur für den Fall, dass die vom letzten Jahr besetzt ist.

GEFÄHRDUNG — **nicht gefährdet**

Schwarzspecht *Dryocopus martius*

Ordnung: Spechtvögel
Familie: Spechte

Größe	bis 55 cm
Lebensraum	Wälder
Nahrung	Ameisen, Früchte
Eier	2–6

Am liebsten fressen Schwarzspechte Ameisen. Die finden die Vögel entweder im weichen Holz eines toten Baumes oder in ihren Nestern am Boden. Schwarzspechte, die einen Ameisenhaufen entdecken, merken sich genau, wo dieser steht, und kehren später immer wieder dorthin zurück. Manchmal teilen sie ihn sich mit andern Spechten, wie zum Beispiel dem Grünspecht.

GEFÄHRDUNG — nicht gefährdet

Mauersegler *Apus apus*

Ordnung: Seglervögel
Familie: Segler

Größe	bis 17 cm
Lebensraum	Felder, Städte
Nahrung	Insekten
Eier	2–3

Mauersegler ernähren sich von Insekten und kreisen häufig über Städten, wo sie ihre Beute aus der Luft fangen oder von Hausdächern sammeln. Die Vögel haben ein gutes Gespür fürs Wetter und merken es sofort, wenn sich der Luftdruck verändert. Dann steuern sie ihre Flugbahn vor dem Regen her, um möglichst viele Insekten zu fangen, die der Wind heranträgt.

GEFÄHRDUNG — nicht gefährdet

Alpensegler *Tachymarptis melba*

Ordnung: Seglervögel
Familie: Segler

Größe	bis 23 cm
Lebensraum	Felswände
Nahrung	Insekten
Eier	1–3

Alpensegler sind gute Flieger, die mit ihren langen Flügeln mühelos auf dem Wind gleiten können. Sie wandern im Spätsommer nach Afrika, um dort zu überwintern, und kehren danach in die Brutgebiete zurück. Ein Alpensegler-Nest besteht aus Pflanzenteilen und Federn, aber auch Plastik oder Papier. Die Vögel kleben alles mit Speichel zusammen.

GEFÄHRDUNG — **nicht gefährdet**

Eisvogel *Alcedo atthis*

Ordnung: Rackenvögel
Familie: Eisvögel

Größe	bis 18 cm
Lebensraum	Gewässer
Nahrung	Fische
Eier	6–8

Eisvögel leben an Gewässern. Ihr Nest bauen sie in eine steile Uferböschung, in die sie einen Tunnel mit einer Höhle am Ende graben. Sind die Küken alt genug, klettern sie abwechselnd an den Eingang und lassen sich füttern. Wer satt ist, klettert zurück und der nächste ist dran. Weil es immer reihum geht, nennt man das „Küken-Karussell".

GEFÄHRDUNG — nicht gefährdet

Kuckuck *Cuculus canorus*

Ordnung: Kuckucksvögel
Familie: Kuckucke

Größe	bis 34 cm
Lebensraum	Hecken, Waldränder
Nahrung	Insekten
Eier	8–12

Das Weibchen des Kuckucks legt viele Eier, aber immer nur eines pro Nest. Diese vielen Nester baut es allerdings nicht selbst. Kuckucke suchen sich das Nest eines fremden Vogels und legen in einem unbeobachteten Moment schnell ein Ei dazu. Damit der andere Vogel das nicht bemerkt, sieht das Kuckucksei immer fast genauso aus wie die des Nestbesitzers.

GEFÄHRDUNG — nicht gefährdet

Hohltaube *Columba oenas*

Ordnung: Taubenvögel
Familie: Tauben

Größe	bis 32 cm
Lebensraum	Wälder, Parks
Nahrung	Samen, Beeren, Früchte
Eier	2

Wenn das Weibchen der Hohltaube seine beiden Eier ablegen will, sucht es sich eine Höhle. Wenn es Glück hat, findet es eine alte Spechthöhle, in die es dann einfach noch ein paar Zweige und Blätter legen kann. Bis die beiden Taubenküken geschlüpft sind, dauert es etwa zwei Wochen. Ausgewachsen sind Hohltauben etwas kleiner als Ringeltauben.

GEFÄHRDUNG nicht gefährdet

Ringeltaube *Columba palumbus*

Ordnung: Taubenvögel
Familie: Tauben

Größe	bis 40 cm
Lebensraum	Felder, Parks, Gärten
Nahrung	Samen, Früchte, Insekten
Eier	2

Ringeltauben gehen häufig zu Fuß – zumindest dann, wenn sie in kleinen Grüppchen auf Nahrungssuche sind. Sie picken am Boden nach Samen oder kleinen Tieren und machen auch vor Schnecken nicht halt. Ringeltauben brüten überall dort, wo sie nicht so schnell entdeckt werden. Das kann eine Hecke sein, aber auch eine Dachrinne oder Fensternische.

GEFÄHRDUNG — nicht gefährdet

Uhu *Bubo bubo*

Ordnung: Eulen
Familie: Eigentliche Eulen

Größe	bis 60 cm
Lebensraum	Wälder, Felder, Steinbrüche
Nahrung	Kleintiere, Vögel
Eier	2–3

Uhus fressen ihre Beute häufig mit Fell, Federn und Knochen. Alles, was sie nicht verdauen können, würgen sie in einem trockenen Klumpen wieder nach oben und spucken es dann aus. In solch einem Gewölle findet man manchmal sogar die Stacheln eines Igels. Mit ihren Krallen können sie selbst schwere Beutetiere, wie Kaninchen oder Enten, im Flug davontragen.

GEFÄHRDUNG — nicht gefährdet

Waldohreule *Asio otus*

Ordnung: Eulen
Familie: Eigentliche Eulen

Größe	bis 35 cm
Lebensraum	Moore, Waldränder
Nahrung	Mäuse
Eier	4–6

Waldohreulen können besonders leise fliegen. Das liegt daran, dass der Wind durch die Kanten ihrer Flügel besonders gut hindurchstreichen kann. So kann die Waldohreule in der Dämmerung nach Beute suchen, ohne sich zu verraten. Sie fliegt über dem Boden entlang und sucht nach Mäusen oder Käfern. Wenn sie Beute findet, stürzt sie sich nach unten.

GEFÄHRDUNG — nicht gefährdet

Schleiereule *Tyto alba*

Ordnung: Eulen
Familie: Eigentliche Eulen

Größe	bis 95 cm
Lebensraum	Felder, Waldränder
Nahrung	Kleintiere, Vögel
Eier	3–10

Die Federn im Gesicht der Schleiereule wachsen so, dass um die Augen herum eine glatte Fläche entsteht. Dieser herzförmige „Schleier" gab der Eule ihren Namen und ist wichtig für die Jagd. Raschelt am Boden eine Maus, wird das Geräusch vom Schleier zu den Ohren geleitet. Diese sitzen an den Seiten des Eulenkopfes und sind von Federn bedeckt.

GEFÄHRDUNG — nicht gefährdet

Steinkauz *Athene noctua*

Ordnung: Eulen
Familie: Eigentliche Eulen

Größe	bis 23 cm
Lebensraum	Felder, Waldränder
Nahrung	Insekten, Würmer, Kleintiere
Eier	3–5

Der lateinische Name des Steinkauzes lautet Athene. Und er gilt auch tatsächlich in der griechischen Mythologie als Begleiter von Athene, der Göttin der Weisheit. Vielleicht liegt das ja daran, dass der Steinkauz während der Jagd ziemlich klug vorgeht. Er wartet in der Nähe von Lichtquellen auf Nachtfalter – oder auf Fledermäuse, die diese jagen.

GEFÄHRDUNG   **nicht gefährdet**

Sperlingskauz *Glaucidium passerinum*

Ordnung: Eulen
Familie: Eigentliche Eulen

Größe	bis 17 cm
Lebensraum	Wälder, Moore
Nahrung	Vögel, Kleintiere
Eier	4– 7

Der Sperlingskauz ist eine ziemlich kleine Eule, aber das heißt nicht, dass er sich versteckt. Im Gegenteil: Häufig sieht man ihn hoch oben auf der Spitze eines Nadelbaums sitzen. Damit zeigt er anderen Käuzen, dass sie sich in seinem Revier befinden. Wagen sich Artgenossen trotzdem in die Nähe, reagiert der Sperlingskauz mit einem Angriff.

GEFÄHRDUNG — **nicht gefährdet**

Waldkauz *Strix aluco*

Ordnung: Eulen
Familie: Eigentliche Eulen

Größe	bis 40 cm
Lebensraum	Wälder, Felder
Nahrung	Mäuse
Eier	2–4

Die Augen des Waldkauzes sitzen unbeweglich in seinem Gesicht. Wenn er zur Seite schauen will, muss er den ganzen Kopf drehen. Waldkäuze haben eine sehr lange Halswirbelsäule, auch wenn man das von außen nicht sieht. Die Knochen legen sich beim Kopfdrehen in eine Spirale. Dadurch kann der Kauz den Kopf beinahe einmal komplett herumdrehen.

GEFÄHRDUNG — nicht gefährdet

Turmfalke *Falco tinnunculus*

Ordnung: Falkenartige
Familie: Falkenartige

Größe	bis 35 cm
Lebensraum	Felder, Städte
Nahrung	Mäuse, Vögel, Insekten
Eier	3–6

Eigentlich brüten Turmfalken am liebsten in felsigen Gebieten. Aber auch mitten in der Stadt sind sie anzutreffen. Wenn es dort schon keine Berge gibt, ziehen die Turmfalken wenigstens in einen Kirchturm ein. Und wenn der Kirchturm schon besetzt ist, nehmen die Falken eben ein Hochhaus. Ihre Jungen füttern sie mit Mäusen oder kleinen Vögeln.

GEFÄHRDUNG — nicht gefährdet

Wanderfalke *Falco peregrinus*

Ordnung: Falkenartige
Familie: Falkenartige

Größe	bis 35 cm
Lebensraum	Felsen
Nahrung	Vögel
Eier	3–4

Der Wanderfalke ist das schnellste Tier der Erde. Im Sturzflug erreicht er Spitzengeschwindigkeiten von bis zu 400 km/h. Vor allem auf der Jagd ist das sehr nützlich. Der Wanderfalke fliegt dafür hoch hinauf und stürzt sich dann auf einen Vogel, der unter ihm flattert. Auf diese Weise kann er selbst größere Vögel wie Tauben oder Krähen erbeuten.

GEFÄHRDUNG — nicht gefährdet

Gänsegeier *Gyps fulvus*

Ordnung: Greifvögel
Familie: Habichtartige

Größe	bis 110 cm
Lebensraum	Felsen
Nahrung	Aas
Eier	1

Gänsegeier ernähren sich von Aas. Um tote Tiere zu finden, kreisen sie langsam am Himmel und spähen nach unten. Haben sie etwas entdeckt, lassen sie sich absinken und schauen nach, ob es sich tatsächlich um einen Tierkadaver handelt. Dann landen sie und rupfen das Fleisch auseinander. Dabei müssen sie sich ihre Beute oft mit anderen Aasfressern teilen.

GEFÄHRDUNG   **nicht gefährdet**

Bartgeier *Gypaetus barbatus*

Ordnung: Greifvögel
Familie: Habichtartige

Größe	bis 125 cm
Lebensraum	Gebirge
Nahrung	Aas
Eier	2

Die Partnerflüge der Bartgeier sind berühmt. Bevor ein Geierpaar ein Nest baut, vollführt es zuerst einen spektakulären Tanz in der Luft. Die Vögel fliegen umeinander herum, schlagen Purzelbäume oder verfolgen sich. Ab und zu fassen sich die Bartgeier sogar an den Füßen, lassen sich miteinander vom Himmel fallen und stoppen erst kurz vor dem Boden.

GEFÄHRDUNG — beinahe gefährdet

Schwarzmilan *Milvus migrans*

Ordnung: Greifvögel
Familie: Habichtartige

Größe	bis 50 cm
Lebensraum	Ufer, Sümpfe
Nahrung	Fische, Aas, Kleintiere
Eier	2–3

Wenn irgendwo ein großes totes Säugetier herumliegt, sind die Schwarzmilane häufig noch vor den Geiern da. Ihre Jagdmethode ist eher eine Suche: Die Vögel fliegen langsam über den Boden und halten Ausschau nach kleinen Tieren. Schwarzmilane sind nur tagsüber unterwegs. Nachts hocken sie auf einem Baum oder am Nest und schlafen, bis es hell wird.

GEFÄHRDUNG — nicht gefährdet

Rotmilan *Milvus milvus*

Ordnung: Greifvögel
Familie: Habichtartige

Größe	bis 65 cm
Lebensraum	Wiesen, Moore, Waldränder
Nahrung	Fische, Kleintiere, Vögel
Eier	3

Der Rotmilan kann im Flug leicht mit einem Schwarzmilan verwechselt werden. Wenn man jedoch genau hinschaut, erkennt man, dass die Schwanzspitze des Rotmilans beim Fliegen eine leichte Gabelung hat. Die Federn an den Flügelspitzen sind schwarz und stehen wie Finger nach außen ab. Rotmilane, die am Wasser leben, machen manchmal Jagd auf Fische.

GEFÄHRDUNG   **beinahe gefährdet**

Rohrweihe *Circus aeruginosus*

Ordnung: Greifvögel
Familie: Habichtartige

Größe	bis 60 cm
Lebensraum	Ufer
Nahrung	Vögel
Eier	4–5

Die Rohrweihe lebt am Wasser und jagt in den Schilfzonen am Ufer. Meistens hält sie Ausschau nach Wasservögeln oder Mäusen. Manchmal erwischt sie aber auch einen Fisch oder ein paar kleine Frösche. Wenn sie einen Vogel erbeutet hat, rupft die Rohrweihe ihm vor dem Fressen die Federn aus. Anders als andere Greifvögel hat sie dafür keinen festen Platz.

GEFÄHRDUNG — **nicht gefährdet**

Kornweihe *Circus cyaneus*

Ordnung: Greifvögel
Familie: Habichtartige

Größe	bis 55 cm
Lebensraum	Moore, Wälder
Nahrung	Kleintiere
Eier	4–6

Ob eine Kornweihe schon erwachsen ist, sieht man daran, ob sie gelbe Augen hat. Küken und halb erwachsene Vögel haben nämlich noch eine dunkle Augenfarbe. Was ihre Jungen angeht, sind Kornweihen sehr streng. Niemand darf sich den Küken nähern. Und auch wenn diese das Nest schon verlassen haben, werden sie noch eine Weile weitergefüttert.

GEFÄHRDUNG — nicht gefährdet

Habicht *Accipiter gentilis*

Ordnung: Greifvögel
Familie: Habichtartige

Größe	bis 60 cm
Lebensraum	Wälder, Felder
Nahrung	Kleintiere, Vögel
Eier	2–4

Die Beine des Habichts sind gelb. Seine dunklen Krallen sind lang und gebogen. Vor allem die ersten beiden Zehen der Habichtfüße tragen besonders lange Krallen. Der Vogel schlägt sie in kleine Tiere, die er am Boden sieht. Er erlegt seine Beute also nicht mit dem Schnabel, sondern mit den Füßen. In einem richtigen Sturzflug jagt er nicht so häufig

GEFÄHRDUNG — nicht gefährdet

Sperber *Accipiter nisus*

Ordnung: Greifvögel
Familie: Habichtartige

Größe	bis 40 cm
Lebensraum	Wälder, Parks, Felder
Nahrung	Mäuse
Eier	4–6

Sperber leben in Wäldern und jagen dort nach kleinen Vögeln. Im Vergleich zu anderen Greifvögeln können sie nicht besonders schnell fliegen, aber dafür sind sie sehr wendig. Mit ihren eher breiten Flügeln können sie auch zwischen eng stehenden Bäumen scharfe Kurven fliegen. Ein Beutevogel entkommt ihnen daher nicht so leicht – eigentlich nur mit Glück.

GEFÄHRDUNG — nicht gefährdet

Mäusebussard *Buteo buteo*

Ordnung: Greifvögel
Familie: Habichtartige

Größe	bis 55 cm
Lebensraum	Wiesen, Weiden
Nahrung	Kleintiere, Insekten, Würmer
Eier	2–3

Bei Greifvögeln, die man am Rande von Landstraßen und Autobahnen sitzen sieht, handelt es sich häufig um Mäusebussarde. Die Tiere haben verstanden, dass es auf viel befahrenen Straßen ab und zu tote Tiere gibt. Doch das Einsammeln der Beute ist gar nicht so einfach. Der Mäusebussard muss gut aufpassen, dass er vor lauter Hunger kein Auto übersieht.

GEFÄHRDUNG — nicht gefährdet

Seeadler *Haliaeetus albicilla*

Ordnung: Greifvögel
Familie: Habichtartige

Größe	bis 90 cm
Lebensraum	Ufer, Wiesen
Nahrung	Fische, Vögel, Kleintiere
Eier	1–3

Wenn der Seeadler durch die Luft segelt, fallen sofort die langen Federn an seinen Flügelspitzen auf. Die wachsen dort nicht zufällig, sondern sorgen dafür, dass die Luft auf eine bestimmte Art und Weise verwirbelt wird. Das macht den Flug stabiler und spart Kraft. Moderne Flugzeuge haben an den Tragflächen ähnliche „winglets". Vom Adler abgeschaut!

GEFÄHRDUNG — nicht gefährdet

Steinadler *Aquila chrysaetos*

Ordnung: Greifvögel
Familie: Habichtartige

Größe	bis 100 cm
Lebensraum	Gebirge, Waldränder, Moore
Nahrung	Säugetiere, Vögel
Eier	2

Das Nest eines Steinadlers ist etwa einen Meter breit. Im Laufe der Jahre wird es aber immer wieder benutzt und jedes Mal bauen die Vögel ein Stück an. So werden manche Adlerhorste mehr als doppelt so groß wie am Anfang. Steinadler jagen hoch oben am Berg. So müssen sie die schwere Beute nur nach unten zum Nest bringen und nicht bergauf schleppen.

GEFÄHRDUNG — nicht gefährdet

Insekten

Was sind Insekten?

Die Gruppe der Insekten ist die größte im Tierreich. Vermutlich gibt es viele Millionen Insektenarten, die noch gar nicht entdeckt wurden. Das liegt daran, dass viele von ihnen an Orten leben, die nur schwer erreichbar sind – zum Beispiel in den riesigen tropischen Regenwäldern.

Insekten erkennen

Kopf · Brust · Flügel · Hinterleib · Fühler · Beine

Insekten haben sechs Beine. Eine Ausnahme sind Edelfalter wie das Tagpfauenauge. Sie sehen nämlich aus als hätten sie nur vier Beine. Doch selbst diese Schmetterlinge hatten ursprünglich sechs Beine, von denen zwei bloß winzig klein sind.

Der Körper eines Insekts ist deutlich dreigeteilt. Er besteht aus Kopf, Brust und Hinterleib. Insekten haben eine harte Körperhülle. Ihr Panzer enthält Chitin, einen Stoff, der auch bei Krebsen oder anderen Tieren vorkommt.

Grüne Stinkwanze *Palomena prasina*

Ordnung: Schnabelkerfe
Familie: Baumwanzen

Größe	bis 13 mm
Lebensraum	Wiesen
Nahrung	Pflanzensaft
Fortbewegung	krabbelt, fliegt

Die Grüne Stinkwanze hat ihren Namen zu Recht: Wenn sie sich bedroht fühlt, sondert sie eine stinkende Flüssigkeit ab. Das soll Tiere davon abhalten, sie zu fressen. Im Sommer ist die Grüne Stinkwanze hellgrün gefärbt. Im Winter wird sie dunkler. Ihr Körper ist dann dunkelbraun. Nur die winzigen weißen Flecken am Rande ihres Rückenschildes bleiben.

GEFÄHRDUNG — nicht gefährdet

Beerenwanze *Dolycoris baccarum*

Ordnung: Schnabelkerfe
Familie: Baumwanzen

Größe	bis 12 mm
Lebensraum	Wälder, Gärten
Nahrung	Beerensaft
Fortbewegung	krabbelt, fliegt

Beerenwanzen haben einen Rüssel, mit dem sie Pflanzen anstechen, um ihren Saft zu saugen. Im Darm der Beerenwanze wird der Pflanzensaft in seine Teile zerlegt. Das funktioniert mithilfe spezieller Bakterien, ohne die die Beerenwanze nicht überleben könnte. Jede Wanze erhält diese Kleinstlebewesen daher schon beim Schlupf – denn sie kleben am Ei.

GEFÄHRDUNG — nicht gefährdet

Streifenwanze *Graphosoma lineatum*

Ordnung: Schnabelkerfe
Familie: Baumwanzen

Größe	bis 12 mm
Lebensraum	Wegränder, Gärten
Nahrung	Pflanzensaft
Fortbewegung	krabbelt, fliegt

Zwei Streifenwanzen, die mit ihrem Hinterleib zusammenhängen, sind gerade mitten in der Paarung. Etwa vier Wochen später legen die Weibchen ihre Eier. Streifenwanzen haben ihren Namen von der auffälligen Farbe ihres Panzers. Sie könnten allerdings auch „Punktwanzen" heißen. Denn die Unterseite dieser Wanzenart ist rot mit schwarzen Punkten.

GEFÄHRDUNG — nicht gefährdet

Feuerwanze *Pyrrhocoris apterus*

Ordnung: Schnabelkerfe
Familie: Feuerwanzen

Größe	bis 12 mm
Lebensraum	Wege, Gärten, Wiesen
Nahrung	Saft von Samen
Fortbewegung	krabbelt, fliegt

Feuerwanzen sieht man im Sommer häufig auf Gehwegen oder in Parks herumlaufen. Meistens sieht man sie dann zu zweit während der Paarung. Männchen und Weibchen hängen am Hinterleib zusammen. Wenn sie laufen, läuft ein Tier vorwärts und das andere rückwärts. Vögel trauen sich selten an eine Feuerwanze heran – dabei ist sie gar nicht giftig.

GEFÄHRDUNG — nicht gefährdet

Goldlaufkäfer *Carabus auratus*

Ordnung: Käfer
Familie: Laufkäfer

Größe	bis 30 mm
Lebensraum	Waldränder, Gärten
Nahrung	Würmer, Schnecken, Pilze
Fortbewegung	krabbelt, fliegt

Der Goldlaufkäfer ist ein echter Räuber. Seine langen Beine tragen ihn sehr schnell über den Boden, sodass er Beutetiere leicht verfolgen kann. Er hat große Augen und kann daher wahrnehmen, was in seiner Umgebung passiert. Er reagiert auf Bewegungen und erbeutet mit Leichtigkeit Regenwürmer oder Schnecken. Für Menschen ist er aber nicht gefährlich.

GEFÄHRDUNG — nicht gefährdet

Gemeiner Totengräber
Nicrophorus vespillo

Ordnung: Käfer
Familie: Aaskäfer

Größe	bis 22 mm
Lebensraum	Wälder
Nahrung	Aas
Fortbewegung	krabbelt, fliegt

Gemeine Totengräber sind gute Eltern. Die Käfer legen ihre Eier an toten Mäusen ab, die sie im Wald finden. So haben die wurmförmigen Larven sofort etwas zu fressen, wenn sie schlüpfen. Während die Larven wachsen, bleiben die Käfereltern stets in der Nähe. Sie pflegen den Kadaver, damit nicht zu viel Schimmel entsteht, denn der kann die Larven krank machen.

GEFÄHRDUNG — **nicht gefährdet**

Siebenpunkt-Marienkäfer
Coccinella septempunctata

Ordnung: Käfer
Familie: Marienkäfer

Größe	bis 8 mm
Lebensraum	Gärten, Wiesen
Nahrung	Blattläuse
Fortbewegung	krabbelt, fliegt

Ein Siebenpunkt-Marienkäfer wird etwa ein Jahr alt – auch wenn viele Menschen glauben, er bekäme jedes Jahr einen neuen Punkt auf seine Flügel. Wenn ein Marienkäfer fliegt, klappt er seine gepunkteten, harten Flügeldecken nach oben. Darunter kommt ein weiches Flügelpaar zum Vorschein, das erst auseinandergefaltet werden muss. Damit fliegt er.

GEFÄHRDUNG — nicht gefährdet

Maikäfer *Melolontha melolontha*

Ordnung: Käfer
Familie: Blatthornkäfer

Größe	bis 32 mm
Lebensraum	Waldränder, Felder
Nahrung	Blätter
Fortbewegung	krabbelt, fliegt

Maikäfer brauchen sehr lange, um erwachsen zu werden. Wenn sie als Larve aus dem Ei schlüpfen, sehen sie aus wie winzige Würmer. Sie bleiben unter der Erde und ernähren sich von verschiedenen Wurzeln. In dieser Zeit nennt man sie Engerlinge. Sie wachsen drei Jahre lang und kommen dann alle zusammen als Käfer aus dem Boden. Dann hat man ein Maikäferjahr.

GEFÄHRDUNG — nicht gefährdet

Gerippter Brachkäfer
Amphimallon solstitiale

Ordnung: Käfer
Familie: Blatthornkäfer

Größe	bis 18 mm
Lebensraum	Waldränder, Gärten, Parks
Nahrung	Blüten, Blätter
Fortbewegung	krabbelt, fliegt

Manchmal tauchen im Juni ganze Käferschwärme auf, die in warmen Nächten herumschwärmen. Wegen diesem Verhalten nennt man den Gerippten Brachkäfer auch „Junikäfer". Die Tiere suchen sich einen Partner, legen Eier und sterben dann. Die Larven, die aus den Eiern schlüpfen, brauchen drei Jahre, bis sie fertige Käfer sind. Im Juni fliegen sie das erste Mal los.

GEFÄHRDUNG — nicht gefährdet

Waldmistkäfer *Anoplotrupes stercorosus*

Ordnung: Käfer
Familie: Mistkäfer

Größe	bis 19 mm
Lebensraum	Wälder
Nahrung	Kot, Pilze
Fortbewegung	krabbelt, fliegt

In einem Wald lassen ziemlich viele Tiere ihren Kot fallen – zum Glück für den Waldmistkäfer. Denn er braucht ihn, um seine Jungtiere großzuziehen. Ein Käferpaar, das Nachwuchs haben will, baut einen unterirdischen Tunnel mit mehreren Kammern. Dort hinein kommen die Eier und kleine Klumpen Kot. Den fressen die Larven nach dem Schlüpfen als Erstes.

GEFÄHRDUNG — nicht gefährdet

Hirschkäfer *Lucanus cervus*

Ordnung: Käfer
Familie: Schröter

Größe	bis 80 mm
Lebensraum	Waldränder, Gärten
Nahrung	Pflanzensaft
Fortbewegung	krabbelt, fliegt

Das Männchen des Hirschkäfers hat einen besonders großen Oberkiefer, der aussieht wie ein Geweih. Damit kann er zwar andere Männchen auf den Rücken drehen, aber beim Fressen ist das Geweih hinderlich. Hirschkäfer-Weibchen haben einen kleineren Kiefer. Sie ritzen für das Männchen Pflanzen an und lassen es den Saft auflecken. Fliegen können Weibchen und Männchen.

GEFÄHRDUNG — nicht gefährdet

Ohrwurm *Forficula auricularia*

Ordnung: Ohrwürmer
Familie: Eigentliche Ohrwürmer

Größe	bis 16 mm
Lebensraum	Gärten, Parks, Wiesen
Nahrung	Samen, Blattläuse, Bodenstreu
Fortbewegung	krabbelt, fliegt

Ohrwürmer sind nachtaktiv. Tagsüber sitzen sie in Ritzen und Spalten und verstecken sich. Die langen Zangen an seinem Hinterende braucht ein Ohrwurm, um Beute festzuhalten oder um sich zu verteidigen. Doch sie sind auch dafür da, die Flügel auseinanderzufalten, die unter den harten Deckflügeln stecken. Vielleicht fliegen Ohrwürmer ja deshalb so selten.

GEFÄHRDUNG — nicht gefährdet

Grünes Heupferd *Tettigonia viridissima*

Ordnung: **Heuschrecken**
Familie: **Tettigoniidae**

Größe	bis 40 mm
Lebensraum	Wiesen
Nahrung	Insekten, Pflanzen
Fortbewegung	krabbelt, fliegt, springt

Wenn man ein Grünes Heupferd findet, kann man immer sofort sehen, ob man ein Männchen oder ein Weibchen vor sich hat. Die Weibchen tragen nämlich am Hinterleib einen sehr langen und breiten Legestachel. Der ist dafür da, die Eier tief in den Boden zu bringen. Grüne Heupferde haben eine empfindliche Stelle an den Vorderbeinen. Damit können sie hören.

GEFÄHRDUNG — nicht gefährdet

Feldgrille *Gryllus campestris*

Ordnung: Heuschrecken
Familie: Echte Grillen

Größe	bis 23 mm
Lebensraum	Wiesen, Wegränder
Nahrung	Blätter
Fortbewegung	krabbelt, gräbt

Anders als andere Heuschrecken springt die Feldgrille nicht gern. Sie kann es zwar, krabbelt aber lieber. Der Gesang der Grille kommt von den Männchen, die ihn erzeugen, indem sie ihre Flügel aneinander reiben. Das Singen der Grille kann bedeuten, dass sie ein Weibchen anlocken will, aber auch, dass sie ein anderes Männchen abschrecken möchte.

GEFÄHRDUNG — nicht gefährdet

Maulwurfsgrille *Gryllotalpa gryllotalpa*

Ordnung: Heuschrecken
Familie: Maulwurfsgrillen

Größe	bis 50 mm
Lebensraum	Insekten, Larven
Nahrung	Wiesen
Fortbewegung	krabbelt, gräbt, fliegt, schwimmt

Maulwurfsgrillen können viel: Sie krabbeln und können auch fliegen oder schwimmen. Doch am besten können sie graben. Man sieht schon an den Vorderbeinen der Maulwurfsgrille, dass sie unter der Erde lebt und sich dort – wie ein Maulwurf – Gänge gräbt. In ihnen bewegt sie sich vorwärts, während sie nach Wurzeln oder Insekten sucht, die sie dann frisst.

GEFÄHRDUNG — nicht gefährdet

Weißrandiger Grashüpfer
Chorthippus albomarginatus

Ordnung: Kurzfühlerschrecken
Familie: Feldheuschrecken

Größe	bis 20 mm
Lebensraum	Wiesen, Wegränder
Nahrung	Blätter
Fortbewegung	krabbelt, fliegt, springt

Die Männchen des Weißrandigen Grashüpfers singen sehr laut, wenn sie ein Weibchen anlocken wollen. Dann hört man sie über weite Strecken hinweg. Wenn sie allerdings ein Weibchen gefunden haben, singen sie auf einmal ganz leise. So leise, dass nur ein Weibchen sie hören kann, das ganz in der Nähe sitzt. Man sieht die Tiere im Sommer und im Herbst.

GEFÄHRDUNG — nicht gefährdet

Gemeine Binsenjungfer *Lestes sponsa*

Ordnung: Libellen
Familie: Teichjungfern

Größe	bis 40 mm
Lebensraum	Gewässer
Nahrung	Insekten
Fortbewegung	krabbelt, fliegt, taucht

Die Gemeine Binsenjungfer ist an Teichen zu sehen, wo sie über das Wasser schwirrt und Insekten sucht. Manchmal allerdings schweben zwei Libellen gemeinsam herum. Das passiert immer dann, wenn sich Männchen und Weibchen treffen. Sie paaren sich und legen dann gemeinsam die Eier an Pflanzenstängeln ab. Dabei tauchen die Tiere sogar kurz unter Wasser.

GEFÄHRDUNG — nicht gefährdet

Blutrote Heidelibelle
Sympetrum sanguineum

Ordnung: Libellen
Familie: Segellibellen

Größe	bis 60 mm
Lebensraum	Gewässer
Nahrung	Insekten
Fortbewegung	krabbelt, fliegt

Libellen können in der Luft fliegend an einer Stelle verharren. Wenn sie an einem Stängel landen, kann man sehen, dass sie sechs Beine haben – wie die meisten anderen Insekten auch. Doch die Blutrote Heidelibelle hat auch noch ein anderes Libellen-Kennzeichen: sehr große Augen. Sie sieht damit ausgezeichnet und kann so Jagd auf andere fliegende Insekten machen.

GEFÄHRDUNG — nicht gefährdet

Blaugrüne Mosaikjungfer
Aeshna cyanea

Ordnung: Libellen
Familie: Edellibellen

Größe	bis 110 mm
Lebensraum	Gewässer
Nahrung	Insekten
Fortbewegung	krabbelt, fliegt

Die Blaugrüne Mosaikjungfer ist eine große Libelle. Man erkennt sie an ihrem hellgrünen Brustpanzer und dem hellblauen Hinterleib. Die Tiere können weite Strecken fliegen, weshalb man sie nicht nur an Teichen findet, sondern manchmal auch mitten im Wald. Blaugrüne Mosaikjungfern sind erfolgreiche Jäger, die manchmal sogar Wespen fangen und fressen.

GEFÄHRDUNG — nicht gefährdet

Große Königslibelle *Anax imperator*

Ordnung: Libellen
Familie: Edellibellen

Größe	bis 110 mm
Lebensraum	Gewässer
Nahrung	Insekten
Fortbewegung	krabbelt, fliegt

Wenn die Große Königslibelle ihre Eier ablegen will, taucht sie ihren Hinterleib ins Wasser, ritzt eine Pflanze an und legt ihre Eier hinein. Daraus schlüpfen Libellenlarven, die nur im Wasser leben. Wenn sie etwa zwei Jahre alt sind, klettern die Larven an einem Blatt aus dem Wasser. Die fertige Libelle schlüpft später aus der alten Larvenhaut.

GEFÄHRDUNG — nicht gefährdet

Schwalbenschwanz *Papilio machaon*

Ordnung: Schmetterlinge
Familie: Ritterfalter

Größe	bis 75 mm
Lebensraum	Wiesen
Nahrung	Nektar
Fortbewegung	krabbelt, fliegt

Die Anhänge an den hinteren Flügeln des Schwalbenschwanzes erinnern an die gegabelten Schwanzfedern einer Schwalbe. Vermutlich hat er daher seinen Namen. Bei diesem Schmetterling sind sowohl die Männchen als auch die Weibchen sehr bunt. Und nicht nur das: Selbst die Raupen leuchten in einem auffälligen, hellen Grün und haben schwarze und gelbe Flecken.

GEFÄHRDUNG — nicht gefährdet

Zitronenfalter *Gonepteryx rhamni*

Ordnung: Schmetterlinge
Familie: Weißlinge

Größe	bis 55 mm
Lebensraum	Wiesen
Nahrung	Nektar
Fortbewegung	krabbelt, fliegt

Zitronenfalter können – für einen Schmetterling – sehr alt werden: etwa ein Jahr. Die Tiere schlüpfen im Sommer aus ihren Puppen und müssen sich dann im Herbst einen Platz für den Winter suchen. Nicht viele Schmetterlinge überwintern als erwachsenes Tier. Einige überstehen die kalte Jahreszeit lieber als Ei oder Puppe. Aber der Zitronenfalter schafft das.

GEFÄHRDUNG nicht gefährdet

Großer Kohlweißling *Pieris brassicae*

Ordnung: Schmetterlinge
Familie: Weißlinge

Größe	bis 60 mm
Lebensraum	Wiesen
Nahrung	Nektar
Fortbewegung	krabbelt, fliegt

Die Raupen des Großen Kohlweißlings fressen am liebsten Kohlpflanzen. Das Schmetterlingsweibchen legt seine Eier an die Unterseite der Blätter. So haben die Raupen sofort etwas zu fressen – sehr zum Leidwesen vieler Kohlbauern. Wenn die Raupen keine Kohlarten finden, fressen sie auch andere Pflanzen. Aber eigentlich sind sie sehr wählerisch.

GEFÄHRDUNG — nicht gefährdet

Kaisermantel *Argynnis paphia*

Ordnung: Schmetterlinge
Familie: Edelfalter

Größe	bis 65 mm
Lebensraum	Wiesen
Nahrung	Nektar
Fortbewegung	krabbelt, fliegt

Trifft man einen Kaisermantel, kann man unterscheiden, ob man ein Männchen oder ein Weibchen vor sich hat. Die männlichen Schmetterlinge tragen nämlich auf ihren Flügeln dunkle Streifen. Die Weibchen haben keine, sondern nur Punkte. Die Streifen sind nicht nur ein schönes Muster. Der Schmetterling kann hier Duftstoffe bilden, die Weibchen anlocken.

GEFÄHRDUNG   nicht gefährdet

Kleiner Fuchs *Aglais urticae*

Ordnung: Schmetterlinge
Familie: Edelfalter

Größe	bis 50 mm
Lebensraum	Wiesen
Nahrung	Nektar
Fortbewegung	krabbelt, fliegt

Der Kleine Fuchs heißt auch „Nesselfalter", weil seine Raupen so gerne Brennnessel-Blätter fressen. Wer in seinem Garten mehr Schmetterlinge sehen will, kann deshalb ganz leicht eine kleine Ecke „wild" lassen. Brennnesseln und hohes Gras locken die Weibchen des Kleinen Fuchses an, und wer Glück hat, sieht sogar, wie die Raupen an den Blättern nagen.

GEFÄHRDUNG — nicht gefährdet

Tagpfauenauge *Aglais io*

Ordnung: Schmetterlinge
Familie: Edelfalter

Größe	bis 55 mm
Lebensraum	Wiesen
Nahrung	Nektar
Fortbewegung	krabbelt, fliegt

Vögel sind schlau, aber manchmal lassen sie sich trotzdem von einem kleinen Schmetterling täuschen. Wenn das Tagpfauenauge seine Flügel zuklappt, ist es gut getarnt. Denn von unten sind die Flügel braun und sehen aus wie ein welkes Blatt. Doch wenn der Falter seine Flügel aufklappt, haben Vögel das Gefühl, sie würden von riesigen Augen angestarrt – und flüchten.

GEFÄHRDUNG   nicht gefährdet

Distelfalter *Vanessa cardui*

Ordnung: Schmetterlinge
Familie: Edelfalter

Größe	bis 60 mm
Lebensraum	Wiesen
Nahrung	Nektar
Fortbewegung	krabbelt, fliegt

Eine Distelfalter-Raupe gibt sich nicht mit einem ruhigen Blatt zufrieden. Sie will lieber noch mehr Schutz vor Feinden haben. Deshalb spinnt sie nach dem Schlüpfen ein paar Fäden um ein Blatt: zuerst nur um die Spitze, aber später um die ganze Fläche. Das Gespinst sorgt dafür, dass sie beim Fressen nicht gestört wird. Distelpflanzen mag sie besonders gern.

GEFÄHRDUNG — nicht gefährdet

Admiral *Vanessa atalanta*

Ordnung: Schmetterlinge
Familie: Edelfalter

Größe	bis 65 mm
Lebensraum	Wiesen
Nahrung	Nektar
Fortbewegung	krabbelt, fliegt

Wie alle Schmetterlinge hat auch der Admiral eigentlich vier Flügel: zwei Vorderflügel und zwei Hinterflügel. Es hat jedoch den Anschein, als wären es bloß zwei. Denn auf jeder Körperseite hängen beide Flügel an der Kante zusammen. So kann der Schmetterling mit ihnen gleichzeitig schlagen und genug Wind einfangen, um mühelos davonzusegeln.

GEFÄHRDUNG   **nicht gefährdet**

Schachbrett *Melanargia galathea*

Ordnung: Schmetterlinge
Familie: Edelfalter

Größe	bis 50 mm
Lebensraum	Wiesen
Nahrung	Nektar
Fortbewegung	krabbelt, fliegt

Manche Schmetterlingsmännchen machen sich die Suche nach einem Weibchen ganz schön einfach. Sie warten zum Beispiel in einer Ecke der Wiese oder suchen sich einen kleinen Hügel, an dem sie herumflattern. Das Männchen des Schachbretts hingegen fliegt auf der Suche nach einem Weibchen die ganze Wiese ab – wenn es sein muss immer wieder.

GEFÄHRDUNG   nicht gefährdet

Brauner Bär *Arctia caja*

Ordnung: Schmetterlinge
Familie: Erebidae

Größe	bis 65 mm
Lebensraum	Wiesen, Moore
Nahrung	Blätter
Fortbewegung	krabbelt, fliegt

Die auffälligen Farben des Braunen Bärs haben einen ernsten Hintergrund, denn sie warnen Vögel und andere Tiere davor, den Schmetterling zu fressen. Er schmeckt nämlich nicht gut und ist giftig. Wenn der Braune Bär ruhig auf einem Ast sitzt, sieht man nur die dunklen Flügel. Erschreckt er sich, zeigt er seine roten Hinterflügel. Das verscheucht Feinde.

GEFÄHRDUNG — nicht gefährdet

Pyramideneule *Amphipyra pyramidea*

Ordnung: Schmetterlinge
Familie: Eulenfalter

Größe	bis 52 mm
Lebensraum	Wälder, Gärten
Nahrung	Nektar
Fortbewegung	krabbelt, fliegt

Eulenfalter sind Nachtfalter. Tagsüber sitzen sie ruhig in einem Versteck. Auf der Rinde eines Baumes sind sie beispielsweise sehr gut getarnt. Das Muster auf ihren Flügeln ist so unauffällig, dass mehrere Falter nebeneinander sitzen können, ohne gesehen zu werden. Nachts sieht man die Tiere häufig in der Nähe von Bäumen und Sträuchern.

GEFÄHRDUNG — nicht gefährdet

Gammaeule *Autographa gamma*

Ordnung: Schmetterlinge
Familie: Eulenfalter

Größe	bis 40 mm
Lebensraum	Gärten
Nahrung	Nektar
Fortbewegung	krabbelt, fliegt

Die Gammaeule ist ein Nachtfalter, fliegt aber häufig bei Tag. Die Falter ernähren sich von Nektar und haben eine ziemlich gute Methode, um da heranzukommen. Zuerst steuert die Gammaeule eine Blüte an. Dann streckt sie ihren Saugrüssel aus. Doch anstatt auf der Blüte zu landen, hält sie sich mit den Vorderbeinen fest, schwirrt auf der Stelle und trinkt.

GEFÄHRDUNG nicht gefährdet

Mondvogel *Phalera bucephala*

Ordnung: Schmetterlinge
Familie: Zahnspinner

Größe	bis 68 mm
Lebensraum	Wälder, Parks
Nahrung	Nektar
Fortbewegung	krabbelt, fliegt

Auch wenn er so heißt: Der Mondvogel ist kein Vogel, sondern ein Nachtfalter. Seinen Namen hat er allerdings nicht, weil er nur im Mondschein fliegt. Die Bezeichnung hat etwas mit seiner Farbe zu tun, denn an der hinteren Flügelseite befindet sich ein gelber Fleck. Manche Menschen erinnert der vielleicht an den Mond und so entstand der Name.

GEFÄHRDUNG — nicht gefährdet

Große Eintagsfliege *Ephemera danica*

Ordnung: Eintagsfliegen
Familie: Ephemeridae

Größe	bis 25 mm
Lebensraum	Flüsse
Nahrung	keine
Fortbewegung	krabbelt, fliegt

Das Leben einer Eintagsfliege ist wirklich ziemlich kurz. Sie lebt zwar nicht nur einen Tag, aber sehr viel älter wird sie tatsächlich nicht. Eintagsfliegen-Weibchen legen ihre Eier ins Wasser und sterben kurz danach. Die Larven, die aus den Eiern schlüpfen, verbringen etwa zwei Jahre im Wasser. Dann entwickeln sie sich weiter, legen Eier … und sterben.

GEFÄHRDUNG — nicht gefährdet

Gefleckte Wiesenschnake
Nephrotoma appendiculata

Ordnung: Zweiflügler
Familie: Schnaken

Größe	bis 25 mm
Lebensraum	Gärten
Nahrung	Nektar
Fortbewegung	krabbelt, fliegt

Schnaken sind mit Mücken verwandt und ihr Körper erinnert auch etwas an eine Mücke. Doch sie sind harmlos. Schnaken ernähren sich von Nektar und interessieren sich nicht für menschliches oder tierisches Blut. Die Gefleckte Wiesenschnake hat ein auffälliges Muster auf ihrer Brust. Anders als bei anderen Schnaken haben ihre Flügel keine Flecken.

GEFÄHRDUNG — nicht gefährdet

Gemeine Stechmücke *Culex pipiens*

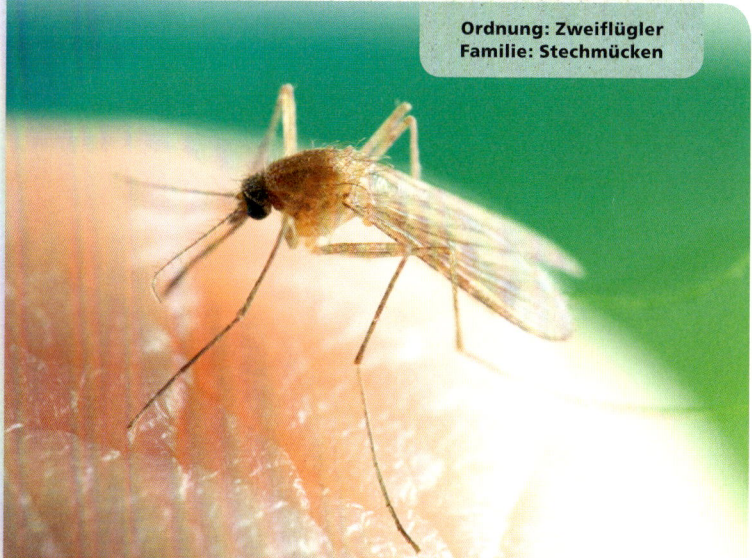

Ordnung: Zweiflügler
Familie: Stechmücken

Größe	bis 7 mm
Lebensraum	Gärten, Wiesen
Nahrung	Nektar, Pflanzensaft, Blut
Fortbewegung	krabbelt, fliegt

Mücken sind lästig und ihre Stiche jucken. Doch die Tiere können nicht anders als zu stechen und Blut zu trinken. Denn das Mücken-Weibchen braucht den Blutstropfen, um später Eier ablegen zu können. Beim Stechen tropft das Tier etwas Speichel in die Stichstelle. Das hält das Blut flüssig. Die Haut eines Menschen reagiert darauf später leider mit Jucken.

GEFÄHRDUNG — nicht gefährdet

Mistbiene *Eristalis tenax*

Ordnung: Zweiflügler
Familie: Schwebfliegen

Größe	bis 18 mm
Lebensraum	Wiesen
Nahrung	Nektar
Fortbewegung	krabbelt, fliegt

Die Mistbiene ist eigentlich gar keine Biene. Sie gehört in Wirklichkeit zu den Fliegen, aber es ist ihr sicher ganz recht, wenn hungrige Tiere glauben, sie hätte einen Stachel. Viele Vögel fressen nämlich keine Bienen, weil sie wissen, dass diese stechen können. Und da die Mistbiene so ähnlich aussieht, wird auch sie nicht belästigt oder gejagt.

GEFÄHRDUNG — nicht gefährdet

Hainschwebfliege *Episyrphus balteatus*

Ordnung: Zweiflügler
Familie: Schwebfliegen

Größe	bis 12 mm
Lebensraum	Wiesen, Gärten
Nahrung	Nektar
Fortbewegung	krabbelt, fliegt

Die Hainschwebfliege wäre eine leckere Mahlzeit für einen hungrigen Vogel. Doch sie hat einen Trick, um nicht gefressen zu werden: Sie tarnt sich als Wespe. Ihr Körper hat ein schwarzgelbes Streifenmuster. Diese Warnfarbe hält Vögel ab, weil sie denken, die Hainschwebfliege könnte stechen. An ihren großen Augen erkennt man aber, dass sie eine Fliege ist.

GEFÄHRDUNG   nicht gefährdet

Regenbremse *Haematopota pluvialis*

Ordnung: Zweiflügler
Familie: Bremsen

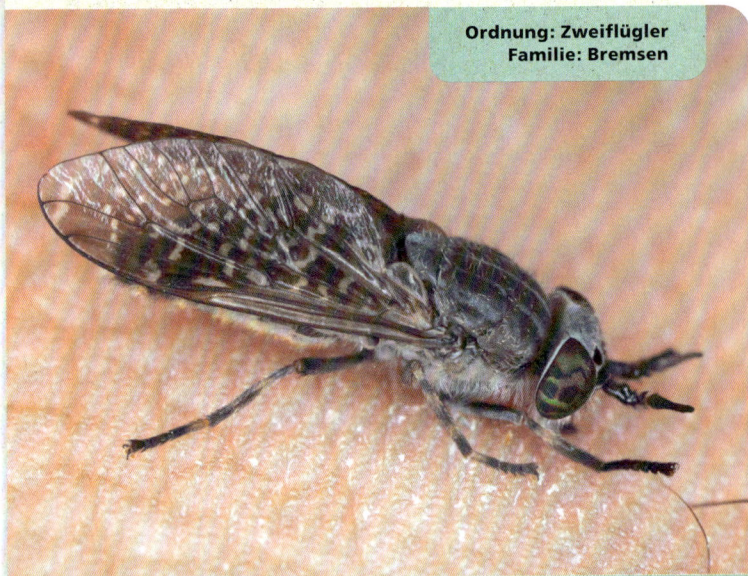

Größe	bis 12 mm
Lebensraum	Wiesen, Sümpfe
Nahrung	Nektar, Blut
Fortbewegung	krabbelt, fliegt

Eigentlich ist die Regenbremse ziemlich hübsch. Ihre Augen schillern in Regenbogenfarben, weshalb sie auch Regenbogenbremse heißt. Doch andererseits finden viele Menschen die Bremse unangenehm. Das Weibchen braucht nämlich Blut, um Eier ablegen zu können. Ein Bremsenbiss tut häufig weh, auch wenn er letztlich ziemlich harmlos ist.

GEFÄHRDUNG — nicht gefährdet

Stubenfliege *Musca domestica*

Ordnung: Zweiflügler
Familie: Echte Fliegen

Größe	bis 7 mm
Lebensraum	Gärten, Städte
Nahrung	Flüssigkeiten
Fortbewegung	krabbelt, fliegt

Stubenfliegen ernähren sich von Flüssigkeiten. Wenn es sein muss, stellen sie diese sogar selbst her. Wenn die Fliege irgendwo landet, zum Beispiel auf einem Stück Kuchen, kann sie aus ihrem Saugrüssel Speichel tropfen lassen. Der löst dann die Nahrung auf und macht sie flüssig. Die Stubenfliege muss den süßen Saft dann nur noch aufsaugen.

GEFÄHRDUNG — **nicht gefährdet**

Graue Fleischfliege *Sarcophaga carnaria*

Ordnung: Zweiflügler
Familie: Fleischfliegen

Größe	bis 18 mm
Lebensraum	Waldränder
Nahrung	Flüssigkeiten
Fortbewegung	krabbelt, fliegt

Andere Fliegen legen ihre Eier an einer geeigneten Stelle ab. Nicht jedoch die Graue Fleischfliege. Das Weibchen behält die Eier so lange im Körper, bis die Larven bereit zum Schlüpfen sind. Dann entlässt es sie aus seinem Körper. Die Fliegenlarven ernähren sich von Würmern und verpuppen sich anschließend. Aus der Puppenhülle schlüpft dann die Fliege.

GEFÄHRDUNG — nicht gefährdet

Blaue Schmeißfliege *Calliphora sp.*

Ordnung: Zweiflügler
Familie: Schmeißfliegen

Größe	bis 14 mm
Lebensraum	Gärten, Städte
Nahrung	Flüssigkeiten
Fortbewegung	krabbelt, fliegt

Schmeißfliegen ernähren sich von Nektar und Pollen, deshalb sieht man sie häufig auf Blüten sitzen. Dass man sie außerdem aber auch häufig auf Hundehaufen sieht, liegt daran, dass die Tiere stark auf intensiv duftende Dinge reagieren. Das kann neben Abfall auch eine Stinkmorchel oder ein anderer Pilz sein. Diese Fliegen saugen dann dort ebenfalls Flüssigkeiten auf.

GEFÄHRDUNG — nicht gefährdet

Riesenschlupfwespe
Dolichomitus imperator

Ordnung: Hautflügler
Familie: Schlupfwespen

Größe	bis 15 mm
Lebensraum	Waldränder, Wiesen
Nahrung	Nektar
Fortbewegung	krabbelt, fliegt

Der riesige Stachel der Riesenschlupfwespe ist zwar zum Stechen da, aber nur, um ein Ei irgendwo abzulegen. Das Schlupfwespen-Weibchen legt sein Ei in die Larve eines anderen Insekts. Schlüpft die Schlupfwespen-Larve, frisst sie ihren Wirt auf und kann so weiter wachsen. Ein Ei, das die Schlupfwespe einfach auf ein Blatt legen würde, könnte sich nicht weiterentwickeln.

GEFÄHRDUNG — nicht gefährdet

Bienenwolf *Philanthus triangulum*

Ordnung: Hautflügler
Familie: Echte Grabwespen

Größe	bis 18 mm
Lebensraum	Wiesen
Nahrung	Nektar
Fortbewegung	krabbelt, fliegt, gräbt

Der Bienenwolf ist in Wirklichkeit eine Grabwespe. Er ernährt sich von Nektar, braucht aber eine Honigbiene, um seine Larven zu füttern. Er gräbt einen Tunnel in den Boden und macht sich dann auf die Suche nach einer Honigbiene. Hat er eine erbeutet, schleppt er sie in sein Nest und legt ein Ei dazu. Schlüpfen die Larven, fressen sie die Biene auf.

GEFÄHRDUNG — nicht gefährdet

Deutsche Wespe *Vespula germanica*

Ordnung: Hautflügler
Familie: Faltenwespen

Größe	bis 16 mm
Lebensraum	Waldränder, Gärten
Nahrung	Früchte, Insekten
Fortbewegung	krabbelt, fliegt

Die Deutsche Wespe lebt in großen Schwärmen. Die Tiere bauen ihr Nest selbst, indem sie winzige Holzstückchen von Zäunen oder alten Baumstämmen abraspeln. Diese vermischen sie dann mit Speichel und kleben sie zusammen. Die Wände eines Wespennests fühlen sich an wie Papier. Aber man sollte nicht so nah herangehen, denn die Wespen verteidigen ihren Bau entschlossen.

GEFÄHRDUNG — **nicht gefährdet**

Gewöhnliche Wespe *Vespula vulgaris*

Ordnung: Hautflügler
Familie: Faltenwespen

Größe	bis 14 mm
Lebensraum	Gärten, Wiesen
Nahrung	Nektar, Insekten
Fortbewegung	krabbelt, fliegt

Das Nest der Gewöhnlichen Wespe ist, genau wie das Nest anderer Wespenarten, nur im Sommer bewohnt. Die Tiere benutzen es, um ihre Brut aufzuziehen, doch im Herbst sterben die erwachsenen Tiere. Wer also ein Wespennest am Haus entdeckt, kann einfach abwarten. Im nächsten Jahr sind die Tiere verschwunden und die Königin baut an anderer Stelle neu.

GEFÄHRDUNG — nicht gefährdet

Hornisse *Vespa crabro*

Ordnung: Hautflügler
Familie: Faltenwespen

Größe	bis 25 mm
Lebensraum	Waldränder, Gärten
Nahrung	Insekten
Fortbewegung	krabbelt, fliegt

Hornissen sind viel größer als Gewöhnliche Wespen und ihr Körper ist heller gezeichnet. Doch ähnlich wie die kleineren Wespen bauen auch Hornissen ein Nest. Um ihre Larven und die frisch geschlüpften Jungtiere zu füttern, jagen Hornissen Insekten. Die erwachsenen Tiere hingegen ernähren sich von Nektar und anderen Pflanzensäften.

GEFÄHRDUNG nicht gefährdet

Ackerhummel *Bombus pascuorum*

Ordnung: Hautflügler
Familie: Echte Bienen

Größe	bis 15 mm
Lebensraum	Wiesen, Wegränder
Nahrung	Nektar, Pollen
Fortbewegung	krabbelt, fliegt

Die Ackerhummel ernährt sich von Nektar. Sie erkennt bunte Blüten und kriecht manchmal sogar sehr tief hinein, um an den Nektar heranzukommen. Dabei bleibt immer auch etwas staubiger Blütenpollen in ihrem Pelz hängen. Auf der nächsten Blüte fällt er wieder herunter. So werden Blüten bestäubt und können sich zu Früchten weiterentwickeln.

GEFÄHRDUNG — nicht gefährdet

Erdhummel *Bombus terrestris*

Ordnung: Hautflügler
Familie: Echte Bienen

Größe	bis 10 mm
Lebensraum	Wiesen, Wegränder
Nahrung	Nektar, Pollen
Fortbewegung	krabbelt, fliegt, gräbt

Das Nest der Erdhummel kann mehr als einen Meter tief im Boden liegen. Häufig war ein Hummelnest früher mal ein Mauseloch, aber die Tiere bauen es aus, um für alle Hummeln Platz zu schaffen. In einem Erdhummel-Nest leben dann bis zu 500 Hummeln zusammen. Wie auch bei den Bienen gibt es viele Arbeiterinnen, aber nur eine einzige Hummelkönigin.

GEFÄHRDUNG — nicht gefährdet

Honigbiene *Apis mellifera*

Ordnung: Hautflügler
Familie: Echte Bienen

Größe	bis 13 mm
Lebensraum	Wiesen, Wegränder
Nahrung	Nektar, Pollen
Fortbewegung	krabbelt, fliegt

Wenn Bienen auf Nahrungssuche sind, sammeln sie flüssigen Nektar und staubigen Pollen. Aber sie sammeln keinen Honig. Dieser entsteht erst im Nest, wenn die Bienen den Nektar zwischen sich hin und her reichen. Jedes Mal, wenn er an eine andere Biene weitergegeben wird, verliert die Flüssigkeit etwas mehr Wasser. Zum Schluss entsteht klebriger Honig.

GEFÄHRDUNG — nicht gefährdet

Weiden-Sandbiene *Andrena vaga*

Ordnung: Hautflügler
Familie: Sandbienenartige

Größe	bis 14 mm
Lebensraum	Wiesen, Wege
Nahrung	Pollen, Nektar
Fortbewegung	krabbelt, fliegt, gräbt

Ein Loch im Sandboden mit einem Häufchen Sand daneben könnte der Eingang zum Nest einer Weiden-Sandbiene sein. Unter der Erde geht es mit einem Tunnel weiter, den die Biene selbst gegraben hat. Dort hinein legt sie ihre Eier und häuft ein wenig Pollen von einem Weidenbaum darauf. Das wird später das Futter für die Larven. Dann schließt sie das Nest.

GEFÄHRDUNG — nicht gefährdet

Rote Waldameise *Formica rufa*

Ordnung: Hautflügler
Familie: Ameisen

Größe	bis 9 mm
Lebensraum	Wälder
Nahrung	Insekten, Honigtau
Fortbewegung	krabbelt, gräbt

Das Nest der Roten Waldameise sieht aus wie ein riesiger Haufen aus Tannennadeln. Darin gibt es zahlreiche Gänge und Kammern, in denen die Ameisen ihre Brut großziehen. Rote Waldameisen arbeiten immer zusammen. Wenn sie ein Beutetier erlegt haben, das größer ist als sie, zum Beispiel eine Spinne, dann tragen sie es alle gemeinsam zum Nest.

GEFÄHRDUNG   beinahe gefährdet

Gelbe Wegameise *Lasius flavus*

Ordnung: Hautflügler
Familie: Ameisen

Größe	bis 4 mm
Lebensraum	Wiesen, Gärten
Nahrung	Honigtau
Fortbewegung	krabbelt, fliegt, gräbt

In einem unterirdischen Nest der Gelben Wegameise gibt es so etwas wie Haustiere. Die Ameisen pflegen dort nämlich winzige Läuse. Sie achten darauf, dass diese genug zu essen haben und vor Feinden geschützt sind. Im Gegenzug fressen die Ameisen eine Flüssigkeit, die die Läuse ausscheiden: den Honigtau. Von diesem Zusammenleben haben also beide etwas.

GEFÄHRDUNG — nicht gefährdet

Rasenameise *Tetramorium caespitum*

Ordnung: Hautflügler
Familie: Ameisen

Größe	bis 4 mm
Lebensraum	Sandböden
Nahrung	Insekten, Honigtau
Fortbewegung	krabbelt, fliegt, gräbt

Gemeine Rasenameisen möchten die Umgebung ihres Nestes am liebsten für sich allein haben. Treffen sie andere Ameisen, reagieren sie aggressiv: Sie bekämpfen die fremden Ameisen, selbst wenn es sich um Rasenameisen aus einem Nachbarnest handelt. Zu manchen Gästen sind sie aber freundlich. Manche Raupen dürfen mit im Nest wohnen und geben dafür Honigtau ab.

GEFÄHRDUNG — nicht gefährdet

Spinnentiere

Was sind Spinnentiere?

Anders als bei Insekten sind bei Spinnentieren Kopf, Brust und Hinterleib nicht deutlich voneinander getrennt. Der Körper eines Spinnentieres besteht grob aus zwei Teilen: dem Vorder- und dem Hinterleib. Spinnentiere wie Spinnen, Zecken oder Weberknechte erkennt man an ihren acht Beinen. Zusätzlich trägt jede Spinne noch zwei Taster und in der Kopfmitte ihre beiden Klauen, mit denen sie Beutetiere packt.

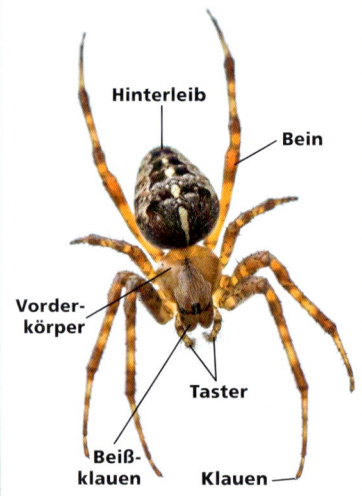

- Hinterleib
- Bein
- Vorderkörper
- Taster
- Beißklauen
- Klauen

Viele Spinnen können ein lähmendes Gift herstellen, das sie in den Körper der Beute spritzen. Für Menschen ist das Gift der meisten heimischen Spinnen allerdings ungefährlich. Es ist zu schwach und außerdem beißen Spinnen nur, wenn sie sich bedroht fühlen. Bei den meisten heimischen Spinnen sind die Beißklauen sowieso nicht stark genug, um durch die menschliche Haut zu dringen. Warum so viele Menschen Angst vor Spinnen haben, weiß man nicht. Vielleicht weil sie so schnell laufen können und so schwer zu fangen sind.

Das Netz der Spinnen

Webspinnen wie die Kreuzspinne bauen frei hängende, klebrige Netze, um Insekten und andere Beutetiere zu fangen. Jeder einzelne Spinnfaden ist viel dünner als ein Haar, im Vergleich aber deutlich stabiler.

Es gibt jedoch auch Spinnen, die keine radförmigen Netze bauen, sondern dichte Gespinste am Boden. Einige Spinnenarten können sogar Röhren und Trichter weben, in denen sie sich verstecken. Andere fangen ihre Beutetiere ganz ohne Netz, indem sie ihnen hinterherlaufen.

Zebraspringspinne *Salticus scenicus*

Ordnung: Webspinnen
Familie: Springspinnen

Größe	bis 7 mm
Lebensraum	Häuser, Gärten
Nahrung	Insekten
Netz	einzelner Faden

Zebraspringspinnen haben acht Augen. Zwei davon sind besonders groß und zeigen nach vorne. Das hilft bei der Jagd, denn die Spinne kann ihre Beute gut sehen und sich langsam anschleichen. Ist sie nah genug herangekommen, zeigt sich, warum sie Springspinne heißt: Sie wirft sich im Sprung auf ihre Beute. Der Rest des Namens stammt vom Zebramuster.

GEFÄHRDUNG — nicht gefährdet

Rote Röhrenspinne *Eresus kollari*

Ordnung: Webspinnen
Familie: Röhrenspinnen

Größe	bis 15 mm
Lebensraum	Büsche, Hänge
Nahrung	Insekten
Netz	Gespinst

Die Rote Röhrenspinne gräbt einen Tunnel in den Erdboden und kleidet ihn mit einem Gespinst aus Spinnseide aus. Darin fängt sie Insekten und andere Kleintiere. Die Überreste ihrer Beute baut sie ab und zu in ihr Netz ein. Die Weibchen der Roten Röhrenspinne sind übrigens schwarz. Die tolle rote Farbe haben nur erwachsene Spinnen-Männchen.

GEFÄHRDUNG — **nicht gefährdet**

Grüne Krabbenspinne *Diaea dorsata*

Ordnung: Webspinnen
Familie: Krabbenspinnen

Größe	bis 6 mm
Lebensraum	Wälder, Wegränder
Nahrung	Insekten
Netz	einzelner Faden

Man erkennt die Grüne Krabbenspinne nicht nur an ihrer auffälligen grünen Farbe, sondern auch daran, dass ihre Vorderbeine besonders lang sind. Diese Spinne baut kein kompliziertes Netz, um ihre Beute zu fangen. Sie legt sich vielmehr auf die Lauer und hält Beutetiere dann mit den kräftigen Beinen fest. Ihr Name stammt daher, dass sie seitwärts läuft.

GEFÄHRDUNG — nicht gefährdet

Gartenkreuzspinne *Araneus diadematus*

Ordnung: Webspinnen
Familie: Echte Radnetzspinnen

Größe	bis 18 mm
Lebensraum	Gärten, Wegränder
Nahrung	Insekten
Netz	Radnetz

Das Netz der Gartenkreuzspinne ist ein echtes Kunstwerk. Es ist rund und besteht aus sehr vielen einzelnen Fäden, von denen einige klebrig sind. Spinnen merken sich, welche Fäden sie ohne Kleber gesponnen haben. So können sie sich durch das Netz bewegen, ohne kleben zu bleiben. Insekten, die hineinfliegen, bleiben jedoch hängen und werden verspeist.

GEFÄHRDUNG — nicht gefährdet

Gerandete Jagdspinne
Dolomedes fimbriatus

Ordnung: Webspinnen
Familie: Raubspinnen

Größe	bis 22 mm
Lebensraum	Moore, Wälder, Ufer
Nahrung	Insekten, Fische
Netz	keins

Gerandete Jagdspinnen findet man dort, wo es Wasser gibt. Sie gehören zu den wenigen Spinnen, die auf dem Wasser laufen können, ohne unterzugehen. Das nutzt die Gerandete Jagdspinne, um Tieren wie Kaulquappen oder kleinen Fischen aufzulauern. Sie wartet einfach, bis die Beute nah genug herangeschwommen ist und greift dann blitzschnell zu.

GEFÄHRDUNG — nicht gefährdet

Dunkle Wolfsspinne *Pardosa amentata*

Ordnung: Webspinnen
Familie: Wolfsspinnen

Größe	bis 8 mm
Lebensraum	Ufer, Moore, Wälder
Nahrung	Insekten
Netz	keins

Die Dunkle Wolfsspinne spinnt zwar kein großes Fangnetz, aber ihre Fäden braucht sie trotzdem. Sie baut damit einen Kokon, in dem sie ihre Eier herumtragen kann. So sind die Jungtiere gut geschützt. Auch später noch ist die Dunkle Wolfsspinne eine gute Mutter. Sind die kleinen Spinnen geschlüpft, trägt sie sie die erste Zeit lang auf ihrem Rücken herum.

GEFÄHRDUNG — nicht gefährdet

Große Winkelspinne *Eratigena atrica*

Ordnung: Webspinnen
Familie: Trichterspinnen

Größe	bis 11 mm
Lebensraum	Wälder, Gärten, Häuser
Nahrung	Insekten
Netz	Trichternetz

Die Große Winkelspinne läuft nur dann herum, wenn es unbedingt sein muss. Zum Beispiel, wenn sie einen neuen Platz für ihr Netz sucht. Hat sie einen gefunden, baut sie aus Spinnfäden ein Netz, das aussieht wie eine breite Röhre und an einem Ende schmaler wird. In diesem Trichter bleibt sie sitzen und kommt nur heraus, wenn ein Beutetier vorbeiläuft.

GEFÄHRDUNG   nicht gefährdet

Große Zitterspinne *Pholcus phalangioides*

Ordnung: Webspinnen
Familie: Zitterspinnen

Größe	bis 10 mm
Lebensraum	Häuser
Nahrung	Insekten
Netz	loses Gewirr

Wenn sich die Große Zitterspinne bedroht fühlt, beginnt sie hin und her zu schwanken. Ein Feind kann durch die schnelle Bewegung nicht mehr so gut erkennen, wo der Spinnenkörper anfängt und wo er aufhört. Große Zitterspinnen weben ein loses Netz. Wenn sich ein Beutetier darin verfängt, laufen sie herbei und breiten weitere Fäden über ihm aus.

GEFÄHRDUNG — nicht gefährdet

Weberknecht *Opiliones*

Ordnung: Weberknechte
Familie: zahlreiche

Größe	bis 5 mm
Lebensraum	Parks, Gärten, Wände
Nahrung	winzige Gliederfüßer
Netz	keins

Innerhalb der Spinnentiere bilden die Weberknechte eine eigene Gruppe. Man kann sie von den Spinnen unterscheiden, wenn man sich den Körper gut anschaut. Bei den Spinnen besteht dieser aus mehreren, gut sichtbaren Teilen. Beim Weberknecht sind diese miteinander verwachsen. Im Gegensatz zu einer Spinne hat ein Weberknecht keine Spinndrüsen.

GEFÄHRDUNG — nicht gefährdet

Gemeiner Holzbock *Ixodes ricinus*

Ordnung: Zecken
Familie: Schildzecken

Größe	bis 4 mm
Lebensraum	Wiesen
Nahrung	Blut
Netz	keins

Zecken wie der Gemeine Holzbock sind Spinnentiere, aber keine richtigen Spinnen. Sie warten geduldig im hohen Gras, bis ein Tier vorbeiläuft, und lassen sich dann einfach abstreifen. Zecken haben einen Saugrüssel, mit dem sie durch die Haut stechen, um an das Blut ihrer Beute heranzukommen. Eine vollgesogene Zecke ist kugelig.

GEFÄHRDUNG — nicht gefährdet

Reptilien

Was sind Reptilien?

Eines der wichtigsten Kennzeichen der Reptilien ist ihre Haut. Diese ist trocken und kann keinen Schleim bilden, wie etwa die Haut von Fischen. Reptilienhaut ist bedeckt von vielen kleinen Schuppen, die aus Horn bestehen. Federn oder Fell gibt es bei Reptilien nicht. Jede Schuppe hat eine eigene Farbe. Liegen helle und dunkle Schuppen nebeneinander, entstehen verschiedene markante Muster.

Einige Arten haben zusätzliche Besonderheiten. Schildkröten zum Beispiel tragen einen Knochenpanzer, der unter einer Hülle aus Horn wächst. Schlangen können ihre oberste Hautschicht abstreifen, denn diese wächst nicht mit, wenn die Schlange größer wird. Die Schlange häutet sich, wenn die alte Haut zu klein wird. Die neue Haut ist dann schon fertig.

Knochenpanzer

Fortpflanzung

Um sich fortzupflanzen, bauen Reptilien ein Nest, in das sie Eier hineinlegen. Sie benötigen dafür keine Zweige, sondern graben häufig einfach ein Loch in den Boden. Unter der Erde entwickeln sich dann die Jungtiere.

Reptilien können ihre Körpertemperatur nicht von alleine gleichmäßig warm halten. Ist es zu kalt, werden sie ganz steif und können sich nur schlecht bewegen. Deshalb sieht man Schlangen so häufig auf Steinen oder alten Baumstümpfen liegen. Sie sonnen sich. Wird es ihnen zu warm, kriechen sie in den Schatten.

Europäische Sumpfschildkröte
Emys orbicularis

Ordnung: Schildkröten
Familie: Neuwelt-Sumpfschildkröten

Größe	bis 20 cm
Lebensraum	Seen, Teiche, Gräben
Nahrung	Schnecken, Krebse, Kaulquappen
Giftig	nein

Europäische Sumpfschildkröten leben am Wasser und können gut schwimmen. Um sich zu sonnen, steigen sie aber aus dem Wasser heraus. Dann sieht man sie auf Ästen oder warmen Steinen sitzen. Auch ihre Eier legt die Schildkröte am Ufer ab. Sie gräbt ein Loch in den Sandboden und legt die Eier dort hinein. Wenn die Jungen schlüpfen, graben sie sich frei.

GEFÄHRDUNG — beinahe gefährdet

Ringelnatter *Natrix natrix*

Ordnung: Schuppenkriechtiere
Familie: Nattern

Größe	bis 150 cm
Lebensraum	Seen, Teiche, Wälder
Nahrung	Frösche
Giftig	nein

Manchmal trifft man im Wald auf eine erstaunlich große, graue Schlange. Dann ist vermutlich ein Gewässer in der Nähe. Die Ringelnatter erkennt man an den beiden hellen Flecken an den Seiten ihres Kopfes. Die Schlange ist harmlos, aber man sollte sie trotzdem nicht anfassen. Denn wenn sie sich bedroht fühlt, verspritzt sie eine stinkende Flüssigkeit.

GEFÄHRDUNG — nicht gefährdet

Würfelnatter *Natrix tessellata*

Ordnung: Schuppenkriechtiere
Familie: Nattern

Größe	bis 130 cm
Lebensraum	Flüsse, Seen, Ufer
Nahrung	Fische
Giftig	nein

Der Name der Würfelnatter stammt von ihren Flecken: Sie sieht ein wenig aus, als sei sie kariert. Manchmal sind Tiere auch blasser gefärbt und können leicht mit der Ringelnatter verwechselt werden. Doch bei genauerem Hinsehen stellt man fest, dass die Würfelnatter keine hellen Flecken am Kopf hat. Die Tiere leben am Wasser und jagen Fische.

GEFÄHRDUNG — **nicht gefährdet**

Schlingnatter *Coronella austriaca*

Ordnung: Schuppenkriechtiere
Familie: Nattern

Größe	bis 75 cm
Lebensraum	Wiesen, Moore
Nahrung	Mäuse, Eidechsen
Giftig	nein

Die Schlingnatter traut sich auch an relativ große Beutetiere heran. Wenn sie eine Maus erbeutet, wickelt sie ihren langen Körper um sie herum und drückt so lange zu, bis sich die Beute nicht mehr rührt. Dieses Umschlingen gab der Schlange ihren Namen. Schlingnattern sind durch ihr Muster gut getarnt. Sie mögen Moore und Wiesen.

GEFÄHRDUNG — nicht gefährdet

Äskulapnatter *Zamenis longissimus*

Ordnung: Schuppenkriechtiere
Familie: Nattern

Größe	bis 160 cm
Lebensraum	Ufer, Steinbrüche, Wälder
Nahrung	Mäuse, Eidechsen
Giftig	nein

Äskulapnattern gehören zu den Schlangen, die immer in Bewegung sind. Sie suchen am Boden nach Mäusen oder Vogelnestern. Wenn sie einen vielversprechenden Baum sehen, klettern sie auch schon einmal hinauf, um nachzuschauen, ob es dort Nahrung gibt. Im Winter ist die Schlange nie zu sehen. Da liegt sie in ihrem Versteck und wartet auf wärmeres Wetter.

GEFÄHRDUNG — nicht gefährdet

Kreuzotter *Vipera berus*

Ordnung: Schuppenkriechtiere
Familie: Vipern

Größe	bis 90 cm
Lebensraum	Moore, Waldränder, Bergwiesen
Nahrung	Mäuse, Eidechsen, Frösche
Giftig	ja

Kreuzottern jagen ihre Beute mit Gift. Die Schlange schleicht sich an ein Beutetier heran, stößt blitzschnell vor und beißt zu. Dann lässt sie ihre Beute davonlaufen und macht sich in aller Ruhe an die Verfolgung. Mit ihrer Zungenspitze kann sie riechen, wohin ein Tier gelaufen ist. Stirbt es am Gift, ist die Schlange auch bald da und verschlingt es.

GEFÄHRDUNG   nicht gefährdet

Aspisviper *Vipera aspis*

Ordnung: Schuppenkriechtiere
Familie: Vipern

Größe	bis 85 cm
Lebensraum	Steinbrüche, Hänge
Nahrung	Mäuse, Vögel, Eidechsen
Giftig	ja

Wie viele Vipern hat auch die Aspisviper eine ziemlich eckige Nase. Anders als zum Beispiel eine Ringelnatter hat die Aspisviper strichförmige Pupillen. Ihre Augen haben dadurch ein typisches Schlangenaussehen. Aspisvipern sind giftig, aber einen Menschen beißen sie nur, wenn sie sich bedroht fühlen. Vorher warnen sie noch durch lautes Zischen.

GEFÄHRDUNG — nicht gefährdet

Blindschleiche *Anguis fragilis*

Ordnung: Schuppenkriechtiere
Familie: Schleichen

Größe	bis 55 cm
Lebensraum	Wälder, Wiesen
Nahrung	Schnecken, Würmer
Giftig	nein

Auch wenn sie so aussieht: Eine Blindschleiche ist keine Schlange. Sie gehört in eine ganz eigene Tiergruppe. Eine Blindschleiche erkennt man daran, dass ihre Haut aus sehr kleinen Schuppen besteht, die im Licht glänzen. Die Tiere haben häufig dunkle Längsstreifen, die vom Kopf bis zur Schwanzspitze reichen. Eine ihrer Lieblingsspeisen sind Schnecken.

GEFÄHRDUNG — nicht gefährdet

Mauereidechse *Podarcis muralis*

Ordnung: Schuppenkriechtiere
Familie: Echte Eidechsen

Größe	bis 25 cm
Lebensraum	Mauern, Felsen
Nahrung	Insekten
Giftig	nein

Wer Mauereidechsen anlocken will, braucht einen sehr wilden Garten mit vielen Steinen. Denn Mauereidechsen haben ihren Namen zu Recht. Sie sitzen häufig auf Steinmauern, vor allem auf solchen mit vielen Ritzen und Spalten. Da sie gut klettern können, gelingt es ihnen, Insekten zu verfolgen und zu verschlingen. Mauereidechsen sind nur tagsüber unterwegs.

GEFÄHRDUNG — nicht gefährdet

Smaragdeidechse *Lacerta bilineata*

Ordnung: Schuppenkriechtiere
Familie: Echte Eidechsen

Größe	bis 40 cm
Lebensraum	Mauern, Hänge, Gärten
Nahrung	Insekten, Spinnen
Giftig	nein

Ein Smaragd ist ein wertvoller, leuchtend grüner Edelstein. Vielleicht bekam die Smaragdeidechse ihren Namen ja, weil die Farbe ihrer Schuppen dem Stein ein wenig ähnelt. In jedem Fall sind Smaragdeidechsen nicht zu übersehen, wenn sie sich irgendwo sonnen. Das müssen sie machen, denn wenn ihr Körper zu kalt ist, können sie sich nur schlecht bewegen.

GEFÄHRDUNG — nicht gefährdet

Zauneidechse *Lacerta agilis*

Ordnung: Schuppenkriechtiere
Familie: Echte Eidechsen

Größe	bis 24 cm
Lebensraum	Waldränder, Gärten, Steinbrüche
Nahrung	Insekten
Giftig	nein

Eine Zauneidechse kann man in Gärten sehen, die noch wilde Ecken haben. Das wissen auch Igel oder Vögel, die sich dort auf Nahrungssuche befinden. Wie alle Eidechsen kann auch die Zauneidechse einem großen Tier entkommen, indem sie ihren Schwanz abwirft. Der zappelt dann weiter und lenkt den Feind ab. Der Eidechse wächst dann ein neuer Schwanz.

GEFÄHRDUNG — nicht gefährdet

Waldeidechse *Zootoca vivipara*

Ordnung: Schuppenkriechtiere
Familie: Echte Eidechsen

Größe	bis 18 cm
Lebensraum	Moore, Steinbrüche, Waldränder
Nahrung	Insekten, Spinnen
Giftig	nein

Die Waldeidechse heißt auch Mooreidechse, weil sie im Moor häufig zu finden ist. Anders als andere Reptilien legt sie keine Eier. Sie behält sie so lange im Körper, bis die Jungtiere bereit zum Schlüpfen sind. Dann entlässt sie sie mitsamt ihrem weichen Ei ins Freie. Waldeidechsen sind also lebend gebärend. Die Jungtiere sorgen sofort für sich selbst.

GEFÄHRDUNG — **nicht gefährdet**

Amphibien

Was sind Amphibien?

Amphibien findet man meistens dort, wo es feucht ist. Das liegt daran, dass ihre dünne Haut sehr empfindlich ist und keine Trockenheit verträgt. Denn nur mit leicht feuchter Haut können Amphibien darüber Sauerstoff und Wasser aufnehmen.

Trotzdem findet man Amphibien auch an Land. Denn für eine Weile können sie unbeschadet abseits des Wassers sein.

Außerdem brauchen fast alle Amphibien große Gewässer wie Seen oder Teiche, um ihre Eier darin abzulegen. Einige Arten kehren sogar jedes Jahr in die Gegend zurück, in der sie geschlüpft sind. Dann sieht man entlang von Landstraßen häufig Schilder wie „Vorsicht, Krötenwanderung". Die Autofahrer wissen dadurch, dass die Paarungszeit der Kröten begonnen hat und vielleicht Tiere auf der Suche nach einem Teich über die Straße laufen. An manchen Straßen gibt es sogar Krötentunnel und zur Laichzeit werden kleine Zäune aufgestellt, damit die Kröten die Durchgänge auch wirklich finden.

Von der Kaulquappe zum Frosch

Die Eier des Frosches heißen Laich. Aus einem Froschei schlüpft eine winzige Kaulquappe, die anschließend im Wasser bleibt und dort weiterwächst. Am Anfang können Kaulquappen nur schwimmen. Später wachsen ihnen Beine und die Schwanzflosse verschwindet. Fertig ist der kleine Frosch.

Wer in einem Teich Kaulquappen sieht, kann übrigens meistens nicht sehen, was mal aus ihnen wird. Denn die Kaulquappen von Fröschen, Kröten und Molchen sehen sich sehr ähnlich. Um sie zu unterscheiden, bräuchte man ein Mikroskop.

Feuersalamander *Salamandra salamandra*

Ordnung: Schwanzlurche
Familie: Echte Salamander und Molche

Größe	bis 23 cm
Lebensraum	Wälder
Nahrung	Insekten, Schnecken
Fortbewegung	läuft, schwimmt

Säßen drei Feuersalamander nebeneinander, könnte man jeden einzelnen von ihnen an seinem gelben Fleckenmuster erkennen. Die kleinen Löcher auf dem ersten gelben Fleck hinter dem Kopf können eine Flüssigkeit absondern, die Feinde abschreckt. Hunde oder Katzen können sich daran leicht vergiften. Beim Menschen erzeugt sie aber nur Hautreizungen.

GEFÄHRDUNG — nicht gefährdet

Alpensalamander *Salamandra atra*

Ordnung: Schwanzlurche
Familie: Echte Salamander und Molche

Größe	bis 14 cm
Lebensraum	Gebirge, Wälder
Nahrung	Spinnen, Insekten, Schnecken
Fortbewegung	läuft

Alpensalamander brauchen kein Gewässer, um sich fortzupflanzen. Sie legen auch keine Eier, sondern tragen ihre Jungtiere im Körper. Jedes Salamander-Weibchen kann bis zu zwei Junge bekommen, die sofort alleine für sich sorgen können. Doch obwohl die Tiere gut ohne einen Teich zurechtkommen, sind sie doch auf eine feuchte Umgebung angewiesen.

GEFÄHRDUNG   nicht gefährdet

Teichmolch *Lissotriton vulgaris*

Ordnung: Schwanzlurche
Familie: Echte Salamander und Molche

Größe	bis 11 cm
Lebensraum	Gewässer, Gärten, Parks
Nahrung	Krebse, Kaulquappen, Insekten
Fortbewegung	läuft, schwimmt

Wenn Teichmolche sich fortpflanzen wollen, suchen sie sich ein Gewässer. Hier treffen sie einen Partner und können auch gleich die Eier ablegen. Wenn das geschafft ist, klettern die Molche an Land und bleiben dort bis zur nächsten Paarungszeit. Der Körper der Molche verändert sich dabei immer mit. Im Wasser tragen die Männchen einen Rückenkamm.

GEFÄHRDUNG — nicht gefährdet

Kammmolch *Triturus cristatus*

Ordnung: Schwanzlurche
Familie: Echte Salamander und Molche

Größe	bis 20 cm
Lebensraum	Gewässer, Wälder
Nahrung	Würmer, Schnecken
Fortbewegung	läuft, schwimmt

Die Männchen des Kammmolches tragen zur Fortpflanzungszeit einen hohen Rückenkamm. Die Weibchen haben diesen nicht. Die Tiere treffen sich in stillen Tümpeln mit vielen Wasserpflanzen. Nach der Paarungszeit beginnen sie ein Landleben, das mehrere Monate dauert. In dieser Zeit bildet sich der Kamm des Männchens wieder zurück und die Haut wird dunkler.

GEFÄHRDUNG — **nicht gefährdet**

Grasfrosch *Rana temporaria*

Ordnung: Froschlurche
Familie: Echte Frösche

Größe	bis 11 cm
Lebensraum	Gewässer, Moore
Nahrung	Insekten, Spinnen, Würmer
Fortbewegung	springt, schwimmt

Grasfrösche erkennt man an dem dunklen Fleck hinter dem Auge. Wenn man genau hinsieht, erkennt man darin auch noch eine runde Form. Das ist das Trommelfell, mit dem die Frösche hören können. Der Grasfrosch hat, wie einige seiner Verwandten, gestreifte Hinterbeine. Mit ihnen kann er bei Gefahr sehr weit springen und im Wasser gut schwimmen.

GEFÄHRDUNG — nicht gefährdet

Moorfrosch *Rana arvalis*

Ordnung: Froschlurche
Familie: Echte Frösche

Größe	bis 6 cm
Lebensraum	Moore
Nahrung	Insekten
Fortbewegung	springt, schwimmt

Moorfrösche sind nicht immer blau. Die Weibchen sogar nie. Doch die männlichen Frösche färben sich zur Paarungszeit um. Warum das so ist, weiß man noch nicht genau, aber vielleicht soll die auffällige Farbe den Weibchen gefallen. Nach ein paar Tagen verschwindet die Färbung wieder und die Frösche bekommen ihre braun-graue Haut zurück.

GEFÄHRDUNG — nicht gefährdet

Teichfrosch *Pelophylax esculentus*

Ordnung: Froschlurche
Familie: Echte Frösche

Größe	bis 10 cm
Lebensraum	Gewässer
Nahrung	Insekten, Spinnen
Fortbewegung	springt, schwimmt

Der Teichfrosch ist eigentlich gar keine eigene Froschart. Er entsteht aber sehr häufig aus einer Vermischung von Seefrosch und Kleinem Wasserfrosch. Deshalb sehen Teichfrösche auch nie wirklich gleich aus. Manche sind den Seefröschen ähnlicher, andere ähneln eher den Wasserfröschen. Aus diesem Grund gibt es auch sehr große und ganz kleine Teichfrösche.

GEFÄHRDUNG — nicht gefährdet

Springfrosch *Rana dalmatina*

Ordnung: Froschlurche
Familie: Echte Frösche

Größe	bis 9 cm
Lebensraum	Gewässer, Wälder
Nahrung	Insekten, Spinnen
Fortbewegung	springt, schwimmt, klettert

Wenn ein Springfrosch sich bedroht fühlt, verlässt er sich ganz auf seine besonders langen Hinterbeine. Mit ihnen stößt er sich vom Boden ab und springt dann bis zu zwei Meter weit. Er kann sich gut an Land fortbewegen, doch zum Ablegen seiner Eier benötigt er ein Gewässer. Die Eier eines Springfrosches sehen aus wie kleine, durchsichtige Kugeln.

GEFÄHRDUNG — nicht gefährdet

Laubfrosch *Hyla arborea*

Ordnung: Froschlurche
Familie: Laubfrösche

Größe	bis 5 cm
Lebensraum	Gewässer, Schilf
Nahrung	Insekten, Spinnen
Fortbewegung	springt, klettert, schwimmt

Viele Frösche sind Meister im Klettern, doch der grüne Laubfrosch kann es besonders gut. Mit seinen Finger- und Zehenspitzen kann er sich nicht nur gut an Pflanzenstängeln festhalten, sondern auch an glatten Oberflächen. Sogar Glasscheiben kann der Laubfrosch überwinden. Die Haut des Laubfrosches ist vergleichsweise glatt und glänzt beim Sonnenbad auffällig.

GEFÄHRDUNG — nicht gefährdet

Erdkröte *Bufo bufo*

Ordnung: Froschlurche
Familie: Kröten

Größe	bis 12 cm
Lebensraum	Wälder, Wiesen, Gewässer
Nahrung	Würmer, Insekten
Fortbewegung	läuft, schwimmt

Kröten können bei Weitem nicht so gut springen wie Frösche. Dafür haben sie kräftige Beine und können sehr gut laufen. Auch die Erdkröte legt so weite Strecken zurück. Während der Paarungszeit kann es sogar vorkommen, dass man Kröten zusammen antrifft. Das große Weibchen trägt dann das kleinere Männchen auf dem Rücken herum, bis sie einen Teich finden.

GEFÄHRDUNG — nicht gefährdet

Knoblauchkröte *Pelobates fuscus*

Ordnung: Froschlurche
Familie: Europäische Schaufelfußkröten

Größe	bis 8 cm
Lebensraum	Wiesen, Dünen, Heide
Nahrung	Insekten, Würmer
Fortbewegung	läuft, gräbt, schwimmt

Knoblauchkröten haben besonders harte Fußsohlen. Damit können sie Löcher in die Erde graben und sich so ein Versteck für den Tag schaffen. Häufig sieht man die Knoblauchkröte deshalb gar nicht. Wenn sie sich allerdings mal nach draußen wagt, ist sie leicht zu erkennen. Denn Knoblauchkröten haben lange, dünne Pupillen, die senkrecht stehen.

GEFÄHRDUNG — **nicht gefährdet**

Geburtshelferkröte *Alytes obstetricans*

Ordnung: Froschlurche
Familie: Geburtshelferkröten

Größe	bis 5 cm
Lebensraum	Steinbrüche, Gärten
Nahrung	Insekten, Spinnen
Fortbewegung	läuft, schwimmt

Während andere Kröten ihre Eier in einem Teich oder See ablegen, geht die Geburtshelferkröte auf Nummer sicher. Das Männchen wartet ab, bis das Weibchen seine Eier gelegt hat, und befestigt diese dann an seinen Hinterbeinen. Anschließend trägt es sie an Land mit sich herum. Sind die Kaulquappen bereit zum Schlüpfen, bringt das Männchen sie ins Wasser.

GEFÄHRDUNG — **nicht gefährdet**

Rotbauchunke *Bombina bombina*

Ordnung: Froschlurche
Familie: Unken und Barbourfrösche

Größe	bis 4 cm
Lebensraum	Gewässer, Wälder
Nahrung	Mückenlarven, Insekten
Fortbewegung	läuft, schwimmt

Eine Rotbauchunke, die nach einem Weibchen ruft, sieht ein wenig seltsam aus. Das kommt daher, dass die Tiere ihren Körper zuerst voll Luft pumpen und dann wie ein Wasserballon an der Oberfläche eines Tümpels treiben. Dann leitet die Rotbauchunke die Luft zwischen ihrer Lunge und dem Kehlsack an ihrem Kinn hin und her. Das macht den Ton.

GEFÄHRDUNG — **nicht gefährdet**

Gelbbauchunke *Bombina variegata*

Ordnung: Froschlurche
Familie: Unken und Barbourfrösche

Größe	bis 5 cm
Lebensraum	Gewässer, Wälder
Nahrung	Mückenlarven, Insekten
Fortbewegung	läuft, schwimmt

Wie auch die Rotbauchunke hat die Gelbbauchunke einen auffällig gefleckten Bauch. Dieser wird wichtig, wenn die Unke sich erschreckt. Dann dreht sie sich nämlich auf den Rücken und zeigt Feinden ihr Muster. Gleichzeitig bildet ihre Haut eine stinkende Flüssigkeit. Viele Tiere verstehen sofort, dass die Farbe eine Warnfarbe ist und die Unke nicht schmeckt.

GEFÄHRDUNG — **nicht gefährdet**

Weichtiere und Würmer

Was sind Weichtiere?

Ein Beispiel für Weichtiere sind Muscheln und Schnecken. Einigen Vertretern der Landschnecken begegnen wir ab und zu im Garten oder Park. Sowohl Schnecken mit Haus als auch Nacktschnecken haben eine Raspelzunge. Diese befindet sich im Maul, auf der Unterseite des Kopfes. Wenn die Schnecke über etwas Fressbares, zum Beispiel ein Blatt, kriecht, kann sie mit ihrer rauen Zunge kleine Teile davon abraspeln und verschlucken.

Muscheln haben keine Raspelzunge. Sie leben unter Wasser und ernähren sich meist von winzig kleinen Algen, die durchs Wasser treiben. Dieses Plankton saugen die Muscheln zwischen ihre Schalen und filtern es heraus.

Genau wie Fische atmen auch Muscheln mit Kiemen. Diese feinen Häutchen sitzen zwischen den Muschelschalen und können dem Wasser Sauerstoff entziehen. Deshalb müssen Muscheln nie auftauchen.

Was sind Würmer?

Würmer haben einen langen, dünnen Körper ohne Beine. Häufig erkennt man nur dann, an welchem Ende des Wurmkörpers der Kopf sitzt, wenn das Tier sich bewegt. Einige Wurmarten leben im Boden.

Der Regenwurm bewohnt Tunnel, die er ins Erdreich gräbt. Ein Wattwurm buddelt sich eine Röhre in den Meeresboden. Der Körper des Regenwurms ist in viele kleine Abschnitte gegliedert.

Europäische Auster *Ostrea edulis*

Ordnung: Austernartige
Familie: Austern

Größe	bis 18 cm
Lebensraum	Meer
Nahrung	Plankton
Fortbewegung	sitzt fest

Eine Seite der Europäischen Auster ist fast ganz gerade, die andere etwas höher gewölbt. Im Gegensatz zu anderen Austern bildet die Europäische Auster keine riesigen Muschelbänke, sondern heftet sich weiter verstreut an den Untergrund an. Dafür spinnt sie stabile Fäden, die die Muschelschale an einem Stein oder Holzpfahl festhalten.

GEFÄHRDUNG — nicht gefährdet

Miesmuschel *Mytilus edulis*

Ordnung: Mytilida
Familie: Miesmuscheln

Größe	bis 15 cm
Lebensraum	Meer
Nahrung	Plankton
Fortbewegung	sitzt fest

Junge Miesmuscheln können einen Teil ihres Körpers aus der Schale herausstrecken und sich daran über den Boden ziehen. Wenn sie eine Stelle gefunden haben, an der sie bleiben wollen, bilden sie starke Fäden und kleben diese dann an den Untergrund. Auf diese Weise hängen manchmal sehr viele Muscheln aneinander und bilden eine sogenannte Muschelbank.

GEFÄHRDUNG   nicht gefährdet

Gemeine Herzmuschel
Cerastoderma edule

Ordnung: Cardiida
Familie: Herzmuscheln

Größe	bis 3 cm
Lebensraum	Meeresboden
Nahrung	Plankton
Fortbewegung	kriecht, gräbt

Die Gemeine Herzmuschel gräbt sich in den Meeresboden ein und streckt dann eine fleischige Röhre, den Sipho, zur Oberfläche. Durch diesen Sipho gelangt Meerwasser in die Muschel und sie bekommt Sauerstoff und Nahrung. Ihren Namen hat die Gemeine Herzmuschel von ihren Schalen: Schaut man eine geschlossene Muschel von der Seite an, sieht man die Herzform.

GEFÄHRDUNG — nicht gefährdet

Sandklaffmuschel *Mya arenaria*

Ordnung: Myida
Familie: Klaffmuscheln

Größe	bis 15 cm
Lebensraum	Meeresboden
Nahrung	Plankton
Fortbewegung	unbeweglich

Sandklaffmuscheln leben eingegraben im Meeresboden und haben einen sehr langen Sipho. Das ist eine fleischige Röhre, die sie aus der Muschelschale strecken können. Der Sipho der Sandklaffmuschel hat zwei Richtungen: Eine, damit Wasser hineinströmen kann, und eine, damit das Wasser wieder herauskommt. Die Muschel lebt von winzigen Algen im Wasser.

GEFÄHRDUNG — nicht gefährdet

Amerikanische Schwertmuschel
Ensis directus

Ordnung: Venerida
Familie: Pharidae

Größe	bis 20 cm
Lebensraum	Meeresboden
Nahrung	Plankton
Fortbewegung	gräbt

Wie viele andere Muscheln auch lebt die Amerikanische Schwertmuschel eingegraben in den Meeresboden. Doch während sich ihre Mitmuscheln gerade so weit eingraben wie nötig, legt die Schwertmuschel sehr tiefe Gänge an. In diesen rutscht sie nahe an die Oberfläche. Doch wenn sie sich erschreckt, flüchtet sie blitzschnell tiefer in den Meeresboden.

GEFÄHRDUNG — nicht gefährdet

Teichmuschel *Anodonta cygnea*

Ordnung: Unionida
Familie: Fluss- und Teichmuscheln

Größe	bis 20 cm
Lebensraum	Teiche, Seen
Nahrung	Plankton
Fortbewegung	kriecht

Teichmuscheln leben in ruhigen Gewässern und pflegen dort eine besondere Freundschaft. Der Bitterling, ein kleiner Fisch, legt seine Eier nämlich in die Muschelschale. Hier sind sie geschützt, bis die Fischbabys schlüpfen können. Auch die Muschel hat etwas davon. Ihre Jungtiere hängen sich an den Bitterling und lassen sich zu anderen Orten tragen.

GEFÄHRDUNG — nicht gefährdet

Spitzschlammschnecke
Lymnaea stagnalis

Ordnung: Lungenschnecken
Familie: Schlammschnecken

Größe	bis 7 cm
Lebensraum	Seen, Flüsse, Meer
Nahrung	Algen
Fortbewegung	kriecht

Die Spitzschlammschnecke lebt im Wasser und kann auf zweierlei Arten atmen. Entweder kommt sie an die Oberfläche und füllt einen Teil ihres Körpers mit Luft. Oder sie nimmt über ihre Haut Sauerstoff aus dem Wasser auf. Spitzschlammschnecken findet man vor allem in Seen, Teichen oder Gräben, wo sie Algen von den Steinen fressen.

GEFÄHRDUNG — nicht gefährdet

Knoblauch-Glanzschnecke
Oxychilus alliarius

Ordnung: Lungenschnecken
Familie: Glanzschnecken

Größe	bis 7 mm
Lebensraum	Wälder
Nahrung	Schnecken, Pflanzen
Fortbewegung	kriecht

Ihren Namen hat die Knoblauch-Glanzschnecke daher, dass sie einen knoblauchartigen Duft verströmt. Vermutlich soll das größere Tiere davon abhalten, die Schnecke zu fressen. Dabei ist sie selbst gar nicht mal so ungefährlich – zumindest für andere Schnecken. Jede Schnecke, die kleiner ist als die Knoblauch-Glanzschnecke, muss sich vor ihr in Acht nehmen.

GEFÄHRDUNG — nicht gefährdet

Gartenbänderschnecke
Cepaea hortensis

Ordnung: Lungenschnecken
Familie: Schnirkelschnecken

Größe	bis 2 cm
Lebensraum	Gärten, Parks
Nahrung	Algen
Fortbewegung	kriecht

Die Gehäusereste der Gartenbänderschnecke findet man häufig zerschlagen neben einem großen Stein. Diese „Drosselschmiede" ist die Futterstelle der Singdrossel und die Gartenbänderschnecke ist eine beliebte Beute. Für Gemüsegärten ist die Schnecke keine Gefahr, denn sie frisst am liebsten Algen, die sie auf der Oberfläche großer Steine findet.

GEFÄHRDUNG — nicht gefährdet

Weinbergschnecke *Helix pomatia*

Ordnung: Lungenschnecken
Familie: Schnirkelschnecken

Größe	bis 5 cm
Lebensraum	Wälder, Gärten
Nahrung	Algen, Pflanzen
Fortbewegung	kriecht

Im Sommer sind Weinbergschnecken viel unterwegs. Im Winter ist es für sie zu kalt und es gibt auch viel zu wenige Blätter als Nahrung. Deshalb fallen Weinbergschnecken in eine Winterstarre. Sie verschließen die Öffnung ihres Hauses mit einem Deckel aus weißem Kalk und warten dann einfach ab, bis es wärmer wird. Im Frühling kommen sie wieder zum Vorschein.

GEFÄHRDUNG — nicht gefährdet

Rote Wegschnecke *Arion rufus*

Ordnung: Lungenschnecken
Familie: Wegschnecken

Größe	bis 15 cm
Lebensraum	Wiesen, Wälder
Nahrung	Pilze, Pflanzen
Fortbewegung	kriecht

Wenn es geregnet hat, macht sich die Rote Wegschnecke auf die Nahrungssuche. Bei trockenem Wetter wagt sie sich nur nachts heraus, wenn die Umgebung etwas feuchter ist. Das Loch an der Vorderseite der Schnecke ist ihr Atemloch. Es führt in eine Atemhöhle, über die die Schnecke Luft bekommt. Der Roten Wegschnecke sehr ähnlich ist die Spanische Wegschnecke.

GEFÄHRDUNG — nicht gefährdet

Schwarzer Schnegel *Limax cinereoniger*

Ordnung: Lungenschnecken
Familie: Schnegel

Größe	bis 20 cm
Lebensraum	Wälder
Nahrung	Pilze, Algen
Fortbewegung	kriecht

Der Schwarze Schnegel ist als Jungtier überhaupt nicht schwarz. Junge Schnecken sind hellbraun oder grau. Sie werden erst mit zunehmendem Alter dunkler. Tagsüber ist der Schwarze Schnegel fast nie unterwegs. Er macht sich erst in der Nacht auf die Suche nach Pilzen, die er mit seiner rauen Zunge anknabbern kann. Schnecken raspeln ihre Nahrung.

GEFÄHRDUNG — nicht gefährdet

Regenwurm *Lumbricus terrestris*

Ordnung: Wenigborster
Familie: Regenwürmer

Größe	bis 30 cm
Lebensraum	Erdboden
Nahrung	Pflanzenreste
Fortbewegung	kriecht, gräbt

Regenwürmer fressen Erde. Aus dieser sammeln sie kleine Pflanzenteile heraus und scheiden den Rest wieder aus. Dazu hält der Wurm sein Hinterteil an die Erdoberfläche und es bildet sich ein Häufchen, das aussieht wie Erdspaghetti. In seinen Tunneln ist der Regenwurm sicher, solange er keinem Maulwurf begegnet. Der macht nämlich Jagd auf ihn.

GEFÄHRDUNG — nicht gefährdet

Wattwurm *Arenicola marina*

Ordnung: Scolecida
Familie: Sandwürmer

Größe	bis 40 cm
Lebensraum	Meeresboden
Nahrung	Pflanzenreste
Fortbewegung	gräbt

Wattwürmer leben im Meeresboden. Sie graben sich eine Röhre, die aussieht wie ein „U" und die an der Oberfläche zwei Eingänge hat. Der Wattwurm bleibt in der Röhre sitzen und verschluckt dort feinen Sand. Aus diesem filtert er Pflanzenstücke heraus. Wenn er den restlichen Sand dann wieder ausscheidet, ist dieser pflanzenfrei. So säubert der Wurm den Boden.

GEFÄHRDUNG — nicht gefährdet

Das kannst du tun

Auch wenn man es auf den ersten Blick oft nicht sieht: Viele Lebewesen oder Lebensräume auf unserem Planeten sind miteinander verbunden. Manche Pflanzen brauchen Pilze, um gut wachsen zu können. Einige Insekten wiederum brauchen eine ganz bestimmte Pflanze, um ihre Eier dort abzulegen.

Und ein paar Vögel und Säugetiere brauchen zum Jagen unbedingt ein sauberes Gewässer voller Fische, Krebse und Muscheln. Fällt ein Baustein weg, funktioniert das empfindliche Gleichgewicht nicht mehr. In diesem Abschnitt findest du ein paar Vorschläge, wie du der Natur helfen kannst.

Problem: Plastik

Vieles, was man in der Natur findet, gehört dort eigentlich nicht hin. Plastik zum Beispiel braucht mehrere Hundert Jahre, bis es sich auflöst. Vorher zerfällt es aber noch in winzige Teile – das Mikroplastik – und landet dann im Magen von Fischen, die es für Nahrung halten.

Problem: Insektengifte

Auf vielen Feldern werden Flüssigkeiten versprüht, um Insekten zu bekämpfen. Doch zu wenige Insekten können ein Problem sein. Es kann nämlich passieren, dass sie der Natur an anderer Stelle fehlen, denn wer bestäubt dann die Pflanzen?

Das kannst du tun

Baue ein Insektenhotel

Wildbienen legen ihre Eier in hohlen Pflanzenstängeln ab. Du kannst ihnen einen Platz zum Nisten schaffen, indem du hohle Bambusstängel zuschneidest und in eine Holzkiste steckst. Frei aufgehängt ist sie für Wildbienen gut zugänglich.

Ein Hotel für Ohrwürmer

Für ein Ohrwurmhotel benötigst du einen alten Blumentopf, etwas Stroh, ein Stück Kaninchendraht und eine Schnur. Fülle das Stroh in den Topf und stelle ihn mit der Öffnung auf den Draht. Klappe die Drahtecken nach oben und fädele die Schnur hindurch. Hänge das Ganze dann mit der Öffnung nach unten in ein Gebüsch und achte darauf, dass viele Äste an den Topf stoßen. So können die Ohrwürmer hinüberklettern.

Schlafzimmer für Igel

Igel benötigen für ihren Winterschlaf einen Ort, an dem sie mehrere Monate lang ungestört liegen können. Dieser sollte vor Regen und Schnee geschützt sein und nicht zu groß. Wenn du einen Garten hast, kannst du die Blätter vom Herbst unter einem dichten Gebüsch aufhäufen. Auch ein Igelhaus aus Holz, das es im Baumarkt zu kaufen gibt, kann gute Dienste leisten.

Nahrung für Bienen

Wildbienen-Saat bekommst du im Gartenmarkt. Sie besteht aus Samen von Pflanzen, die viel Nektar bilden und deshalb eine gute Bienenweide sind. Säe die Samen im Garten oder ein paar großen Blumentöpfen aus. So kann selbst aus einem Balkon ein Bienenparadies werden.

Das kannst du tun

Müll-Diät

Versucht doch mal in eurer Familie, eine Woche lang so viel Müll wie möglich einzusparen. Statt Küchenrolle benutzt ihr waschbare Wischtücher. Obst und Gemüse kauft ihr auf dem Markt und transportiert sie in Baumwollbeuteln. Fleisch und Käse lasst ihr in mitgebrachte Dosen füllen. Wusstet ihr, dass es sogar Zahnpasta in Tablettenform gibt? Es geht also ganz ohne Plastiktube.

Plastik sparen für die Umwelt

Plastikmüll ist ein großes Problem, denn Plastik verrottet nur langsam. Je weniger davon also im Müll landet, desto besser. Du kannst Plastik sparen, indem du immer dieselbe Trinkflasche benutzt, anstatt Plastikflaschen zu kaufen. Auch Brotdosen helfen. Vielleicht gibt es in deiner Stadt ja sogar einen Laden, der Nudeln oder Reis lose, also ohne Plastik-Verpackung, verkauft?

Im Wald sitzen

Bitte deine Eltern, dich in den Wald zu begleiten, und such dir dort einen Platz, an dem du bequem sitzen kannst. Das kann zum Beispiel ein Baumstamm sein, ein großer Stein oder ein trockenes Stück Boden. Setze dich dort hin und bewege dich für 30 Minuten nicht vom Fleck. Beobachte, welche Tiere du siehst oder hörst.

Mach mit!

Informiere dich, ob es in deiner Stadt Umwelt- oder Tierschutzgruppen gibt, in denen du mitmachen kannst. Manche Naturkunde-Museen oder Vereine bieten auch Ferienkurse an, in denen man sich für die Natur engagiert.

Worterklärungen

Aas:
Überreste eines toten Tiers

Adlerhorst:
Nest eines Adlers

Bakterien:
winzige Lebewesen, die im Körper und der Umgebung leben

Bestäubung:
Vorgang, bei dem Blütenstaub eine Blüte befruchtet

Dolde:
viele kleine Blüten, die eng zusammen wachsen

Düne:
hohe Ablagerung von Sand

Fellwechsel:
Abwerfen von alten Tierhaaren aus dem Fell, wenn neues nachwächst

flügge:
Zustand bei Vögeln, die alt genug zum Fliegen sind

Gewölle:
Klumpen aus Fell und Knochen, den Eulen hochwürgen

Gezeiten:
Ebbe und Flut nennt man auch Gezeiten

Gliederfüßer:
Tiergruppe, zu der Insekten und Spinnen gehören

Harz:
klebrige Flüssigkeit, mit der Bäume Wunden schließen

Honigtau:
Flüssigkeit, die Blattläuse ausscheiden

Kadaver:
siehe Aas

Kiemen:
gut durchblutete Hautstellen am Fischkopf, die Sauerstoff aufnehmen

Kot:
Überreste der Verdauung, die ausgeschieden werden

Larve:
Jugendstadium verschiedener Tierarten

Nachtaktiv:
Tiere, die nur bei Nacht unterwegs sind

Nektar:
zuckerhaltiger Saft aus Blüten

Nesthocker:
Tiere, die einige Zeit hilflos im Nest sitzen

Pigment:
Farbstoffe, die der Körper bildet oder aus der Nahrung bezieht

Plankton:
winzige Algen oder Tiere, die im Wasser schweben

Pollen:
Blütenstaub, mit dem sich Pflanzen vermehren

Röhren:
Geräusch, das Hirsche während der Paarungszeit machen

Suhle:
Mulde im Boden, in der sich Wasser und Schlamm sammeln

Tagaktiv:
Tiere, die nur bei Tage unterwegs sind

Verdauung:
Vorgang, bei dem der Körper Nahrung in Energie umwandelt

Watt:
freiliegender Meeresboden bei Ebbe

Register

Ackerbeere 151
Ackerhornkraut 15
Ackerhummel 425
Ackerminze 73
Ackerrittersporn 91
Ackerschachtelhalm 101
Ackerwinde 69
Admiral 405
Alpenberghähnlein 38
Alpendohle 337
Alpengoldregen 167
Alpenjohannisbeere 162
Alpenmurmeltier 232
Alpensalamander 467
Alpensegler 350
Alpenseidelbast 169
Alpensteinbock 268
Amerikanische
 Schwertmuschel 488
Amphibien 462–479
Amsel 329
Äskulapnatter 454
Aspisviper 456
Auerhuhn 276
Austernfischer 290
Bachstelze 302
Bärlauch 35
Bartgeier 364
Bäume und Sträucher
 102–187
Baummarder 255
Baumschläfer 242
Beerenwanze 379
Behaarte Alpenrose 172
Bergahorn 106
Bergkiefer 140
Bergulme 128
Besenginster 166
Besenheide 177
Beutelmeise 312
Bienenwolf 421

Birkenmilchling 210
Birkhuhn 277
Birnenstäubling 212
Blaue Schmeißfliege 419
Blauer Eisenhut 90
Blaugrüne Mosaikjungfer
 396
Blaumeise 314
Blindschleiche 457
Blutrote Heidelibelle 395
Blutwurz 44
Braunbär 252
Braunbrustigel 246
Brauner Bär 407
Braunes Langohr 245
Breitblättriger
 Rohrkolben 99
Breitblättriges
 Knabenkraut 83
Brunnenkresse 19
Buchfink 318
Buchweizen 18
Buntspecht 347
Buschwindröschen 39
Butterröhrling 192
Dachs 253
Damhirsch 264
Deutsche Wespe 422
Distelfalter 404
Dohle 336
Dünenrose 149
Dunkle Wolfsspinne 441
Eberesche 133
Echte Brombeere 150
Echte Kamille 28
Echte Schlüsselblume 40
Echter Pfifferling 198
Echter Zunderschwamm
 218
Echtes Lungenkraut 88
Edelreizker 209

Edelweiß 32
Eibe 141
Eichelhäher 335
Eichhörnchen 230
Eiderente 288
Eingriffeliger Weißdorn
 153
Eisvogel 351
Elch 266
Elsbeere 134
Elster 334
Erdhummel 426
Erdkröte 475
Europäische Auster 484
Europäische Sumpfschild-
 kröte 450
Europäischer Biber 233
Europäischer Ziesel 231
Fasan 279
Faulbaum 159
Feldahorn 107
Feldgrille 391
Feldhamster 229
Feldhase 228
Feldmaus 237
Feldsperling 310
Feldulme 126
Feuersalamander 466
Feuerwanze 381
Fichte 136
Filziger Milchling 211
Fischotter 259
Flatterulme 127
Fliegen-Ragwurz 84
Flussregenpfeifer 291
Flussseeschwalbe 299
Frauenmantel 97
Frühlingskrokus 37
Gallenröhrling 195
Gammaeule 409
Gämse 267

Gänseblümchen 30
Gänsegeier 363
Gartenbänderschnecke 492
Gartengrasmücke 304
Gartenkreuzspinne 439
Gartenrotschwanz 328
Gartenschläfer 241
Gebirgsstelze 303
Geburtshelferkröte 477
Gefleckte Taubnessel 72
Gefleckte Wiesenschnake 412
Gefleckter Schierling 23
Gelbbauchunke 479
Gelbe Wegameise 430
Gelber Enzian 47
Gelber Frauenschuh 51
Gelbes Windröschen 54
Gemeine Binsenjungfer 394
Gemeine Herzmuschel 486
Gemeine Schafgarbe 31
Gemeine Stechmücke 413
Gemeine Wegwarte 81
Gemeiner Holzbock 445
Gemeiner Hornklee 45
Gemeiner Rübling 217
Gemeiner Steinpilz 197
Gerandete Jagdspinne 440
Gerippter Brachkäfer 386
Gewöhnliche Akelei 89
Gewöhnliche Esche 120
Gewöhnliche Felsenbirne 155
Gewöhnliche Kratzdistel 76
Gewöhnliche Küchenschelle 93
Gewöhnliche Mehlbeere 133
Gewöhnliche Moosbeere 176

Gewöhnliche Traubenkirsche 130
Gewöhnliche Waldrebe 143
Gewöhnliche Wespe 423
Gewöhnliches Seifenkraut 16
Giersch 22
Gimpel 319
Ginko 121
Glockenheide 179
Goldammer 321
Goldlaufkäfer 382
Grasfrosch 470
Graue Fleischfliege 418
Graugans 285
Graureiher 282
Grauschnäpper 323
Grauspecht 346
Großblütige Königskerze 46
Große Eintagsfliege 411
Große Königslibelle 397
Große Winkelspinne 442
Große Zitterspinne 443
Großer Brachvogel 294
Großer Kohlweißling 400
Großer Wiesenknopf 62
Großes Springkraut 42
Grüne Krabbenspinne 438
Grüne Stinkwanze 378
Grüner Knollenblätterpilz 205
Grünes Heupferd 390
Grünfink 316
Grünspecht 345
Habicht 369
Hainbuche 113
Hainschwebfliege 415
Halligflieder 85

Hängebirke 115
Haselmaus 239
Haselstrauch 144
Haubentaucher 280
Hausmaus 235
Hausrotschwanz 327
Haussperling 311
Heckenbraunelle 320
Heckenrose 148
Heidelbeere 174
Herbstzeitlose 82
Hermelin 257
Himbeere 152
Hirschkäfer 388
Höckerschwan 284
Höhltaube 353
Holzapfel 158
Holzbirne 157
Honigbiene 427
Honiggelber Hallimasch 216
Hornisse 424
Huflattich 48
Iltis 254
Insekten 374-431
Kaisermantel 401
Kammolch 469
Kegelhütiger Knollenblätterpilz 204
Kegelrobbe 270
Kiebitz 292
Klappergrasmücke 306
Klatschmohn 55
Kleiber 331
Kleine Hufeisennase 243
Kleiner Fuchs 402
Kleines Habichtskraut 50
Knoblauch-Glanzschnecke 491
Knoblauchhederich 20
Knoblauchkröte 476

Register

Kohlmeise 313
Kolkrabe 341
Korbweide 146
Kormoran 281
Kornblume 80
Kornelkirsche 182
Kornweihe 368
Kranich 289
Kräuterseitling 200
Kreuzotter 455
Krickente 287
Kuckuck 352
Lachmöwe 295
Lärche 137
Laubfrosch 474
Leberblümchen 92
Liguster 181
Löwenzahn 49
Luchs 261
Margerite 29
Maikäfer 385
Mantelmöwe 297
Marderhund 249
Maronenröhrling 193
Märzenbecher 34
Mauereidechse 458
Mauerläufer 332
Mauersegler 349
Maulwurf 247
Maulwurfsgrille 392
Mäusebussard 371
Mauswiesel 258
Mehlige Schlüsselblume 60
Mehlschwalbe 343
Miesmuschel 485
Mistbiene 414
Mönchsgrasmücke 305
Mondvogel 410
Moorbirke 114
Moorfrosch 471
Nachtigall 325
Nebelgrauer Trichterling 201
Nebelkrähe 340
Ohrwurm 389
Pantherpilz 203
Parasol 206
Pfaffenhütchen 170
Pfennigkraut 41
Pilze 188-219
Preiselbeere 175
Purgier-Kreuzdorn 160
Purpurweide 147
Pyramideneule 408
Queller 95
Rabenkrähe 339
Rasenameise 431
Rauchschwalbe 344
Rauschbeere 173
Rebhuhn 278
Regenbremse 416
Regenwurm 496
Reh 265
Reptilien 446-461
Riesenschlupfwespe 420
Ringelnatter 451
Ringeltaube 354
Rohrweihe 367
Rosskastanie 109
Rostblättrige Alpenrose 171
Rotbauchunke 478
Rotbuche 110
Rote Johannisbeere 163
Rote Lichtnelke 57
Rote Pestwurz 75
Rote Röhrenspinne 437
Rote Waldameise 429
Rote Wegschnecke 494
Roter Fingerhut 71
Roter Fliegenpilz 202
Roter Hartriegel 183
Roter Holunder 187
Rotfuchs 250
Rothirsch 263
Rothütiger Steinpilz 196
Rotkehlchen 326
Rotklee 64
Rotmilan 366
Saatgans 286
Saatkrähe 338
Saatwicke 65
Salweide 145
Sanddorn 161
Sandklaffmuschel 487
Satansröhrling 194
Säugetiere 222-271
Schachbrett 406
Scharfer Hahnenfuß 53
Schilfrohrsänger 307
Schlangenknöterich 58
Schlehe 156
Schleiereule 357
Schlingnatter 453
Schmalblättriges Wollgras 100
Schneeball 185
Schneeglöckchen 36
Schneehase 226
Schneeheide 178
Schopftintling 207
Schwalbenschwanz 398
Schwanzmeise 315
Schwarze Johannisbeere 164
Schwarze Krähenbeere 180
Schwarzer Holunder 186
Schwarzer Schnegel 495
Schwarzerle 117
Schwarzmilan 365
Schwarzpappel 124
Schwarzspecht 348

Schweinswal 271
Seeadler 372
Seehund 269
Seidelbast 168
Siebenpunkt-Marienkäfer 384
Siebenschläfer 240
Silberdistel 33
Silbermöwe 296
Silberpappel 122
Silberweide 125
Singdrossel 330
Smaragdeidechse 459
Sommerlinde 118
Speierling 132
Speisemorchel 214
Sperber 370
Sperlingskauz 359
Spinnentiere 432–445
Spinnwebhauswurz 63
Spitzahorn 108
Spitzschlammschnecke 490
Spitzwegerich 98
Springfrosch 473
Stängelloser Enzian 87
Star 333
Stechginster 165
Stechpalme 184
Steinadler 373
Steinkauz 358
Steinmarder 256
Stieglitz 317
Stieleiche 111
Stinkender Storchschnabel 67
Stinkmorchel 213
Stockschwämmchen 215
Strandaster 79
Streifenwanze 380
Stubenfliege 417

Sturmmöwe 298
Sumpfdotterblume 52
Tagpfauenauge 403
Taubenkropfleimkraut 56
Teichfrosch 472
Teichmolch 468
Teichmuschel 489
Tollkirsche 70
Totengräber 383
Totentrompete 199
Traubeneiche 112
Trauerschnäpper 324
Trottellumme 300
Turmfalke 361
Uferschwalbe 342
Uhu 355
Vögel 272–373
Vogelkirsche 129
Vogelsternmiere 14
Wacholder 142
Waldeidechse 461
Walderdbeere 21
Waldkauz 360
Waldkiefer 138
Waldlaubsänger 308
Waldmaus 236
Waldmeister 27
Waldmistkäfer 387
Waldohreule 356
Waldschnepfe 293
Waldspitzmaus 248
Waldveilchen 86
Wanderfalke 362
Wanderratte 238
Wattwurm 497
Weberknecht 444
Weichtiere und Würmer 480–497
Weiden-Sandbiene 428
Weinbergschnecke 493
Weiße Lichtnelke 17

Weißer Gänsefuß 94
Weißerle 116
Weißrandiger Grashüpfer 393
Weißstorch 283
Weißtanne 135
Wiesenbärenklau 24
Wiesenchampion 208
Wiesenflockenblume 77
Wiesenglockenblume 78
Wiesenkerbel 25
Wiesensalbei 74
Wiesensauerampfer 96
Wiesenschaumkraut 59
Wiesenstorchschnabel 68
Wildblumen 10–101
Wilde Malve 61
Wilde Möhre 26
Wildkaninchen 227
Wildkatze 260
Wildschwein 262
Winterlinde 119
Wolf 251
Würfelnatter 452
Zaunammer 322
Zauneidechse 460
Zaunkönig 301
Zaunwicke 66
Zebraspringspinne 436
Zilpzalp 309
Zinnoberschwamm 219
Zirbelkiefer 139
Zitronenfalter 399
Zitterpappel 123
Zweigriffeliger Weißdorn 154
Zwergfledermaus 244
Zwergmaus 234
Zypressenwolfsmilch 43

Bildnachweis

Umschlag und Titel: Adobe Stock/Wire_man (Baum); blackboard1965 (Schmetterling); iStock/Avalon_Studio (Mohn); Adobe Stock/Klaus Eppele (Libelle); Adobe Stock/K.-U. Häßler (Specht); Adobe Stock/unpict (Löwenzahn); Adobe Stock/Rainer Fuhrmann (Pilz); Adobe Stock/Eric Isseleé (Murmeltier); Adobe Stock/bennytrapp (Innentitel Seite 2 Wolf); Adobe Stock/Jürgen Wackenhut (Einleitung Seite 7 Moor)

Wildblumen

Adobe Stock: 10 Jürgen Fälchle; 12 elina33; 14, 84 PIXATERRA; 15 vencav; 16 M. Schuppich; 17 JAG IMAGES; 18 Alois; 19 Alois; 22 JRG; 23 olyasolodenko; 24 Oskar; 25 Subcomandantemarcos; 26 studiodr; 27 Alois; 28 LianeM; 29 Stefan Körber; 31 visual-and-concepts; 32 Hans und Christa Ede; 34 Blickfang; 35 IrisArt; 36 Cristian Buch; 37 mozyr; 38 an_mmcr; 41 Ruckszio; 42 Robert Mertl; 45 Michael Meijer; 46 Alena; 47 nmelnychuk; 48 Klaus Brauner; 50 thelimestock; 51 imageBROKER; 54, 83 Schmutzler-Schaub; 55 falkfoto; 56 Madeleine; 58 fotoliaanjak; 60 Ruckszio; 61 Heike Rau; 62 na91791261424; 63 emmor; 64 Jacqueline Geisel; 65 Fotolyse; 66 kazakovmaksim; 67 paulst15; 68 philip kinsey; 69 kardaska; 70 lochstampfer; 71 helmutvogler; 73 iredding01; 75 Iwona; 76 PhotoChur; 77 Venars.Original; 80 schulzfoto; 81 Alexander; 85 Ingeborg Zeh; 88 eagle; 89 annatronova; 90 Branko Srot; 91 olyasolodenko; 93 Ulrich; 94 gratysanna; 95 iredding01; 96 Evdoha; 97 Patrik Stedrak; 99 Otto Durst; 100 Robert Mertl; 101 Matteo Gabrieli;

Colourbox: 21 nahhan; 74 #1914; 78 GabiWolf; 79 #231524; 82 #248242; 98 Paul Stout
Eddi Igel: 20; 30; 33; 39f.; 43f.; 49; 52f.;57; 59; 72; 86f.; 92;

Bäume und Sträucher

102 jakubczajkowski; 106 (groß) pitsch22; 106, 125 (groß), 167, 169 (beide PIXA-TERRA); 107 (groß) Derek; 107 maggiw; 108 (groß) Chstian Pedant; 108 Lioneska; 109 (groß) JAG IMAGES; 109, 118, 145, 155 (groß) M. Schuppich; 110 (groß) Marc; 110 iredding01; 111 (groß) pwmotion; 111, 112, 121 (groß), 122, 130, 131 (groß), 132 (beide), 154, 182 (groß) Ruckszio; 112 (groß) lamax; 113 (groß) Sabine Hortebusch; 114 (groß)rweisswald; 114 Sergey_Siberia88; 115 (groß) tech_studio; 115 Kulbabka; 116 (groß) Esa; 116 lofik; 117 (klein) maggiw; 118 (groß) progarten; 119 (groß) 36PhotoFun; 119 ppfoto13; 120 (groß) JRG; 120 coulanges; 121 Hamster-Man; 122 (groß) Leonid Eremeychuk; 123 (groß) chronos7; 123 hhelene; 124 (groß) ihervas; 124 vvoe; 125 paolofusacchia; 126 (klein)Volodymyr; 127 (groß) Schmutzler-Schaub; 127 Vitalii Hulai; 128 (klein) Gartenphilosophin; 129 (klein) omika; 130 (groß) Wolfgang; 131 vaivirga; 133 (groß) emjay smith; 133 Anna; 134 (groß) progarten; 134 Anna; 135 (groß) ihorhvozdetskiy; 135 Maria Brzstowska; 136 (groß), 137 (groß), 139 (groß) Hans und Christa Ede; 136 Martina Berg; 137 Heike Rau; 138 (groß) larsmatthias; 138 vodolej; 140 (groß) cmfotoworks; 140 CrhWeiss; 141 (groß) ihorhvozdetskiy; 141 hcast; 142 (groß) natros; 142 Nada Sertic; 143 (groß); plazaccameraman;

143 LFRabanedo; 146 travelpeter;
147 ChrWeiss; 148 bojda new;
149 Matauw; 151 Tarabalu; 153 (groß)
Thorsten Schier; 153 iredding01;
154 (groß) argenlant; 155 Iva; 156 (groß)
imageBROKER; 157 (beide) Wolfgang;
158 (groß) timages; 158 gubernat;
159 alexmak; 160 iredding01; 162 saga1966;
164 Lumistudio; 165 ChrWeiss; 166
LFRabanedo; 168 (groß) Jaroslav Machacek;
168 multik79; 171 Christian Musat;
172 gabriffaldi; 173 pisotckii; 174 Lars
Johansson; 176 Viktor; 177 Robert Mertl;
178 reimax16; 179 xxlfotodruck;
180 argenlant; 181 ingwio; 182 abcmedia;
183 (groß) Lastovetskiy; 183 evbrbe;
184 etfoto; 185 petrovval; 186 HJBC;
187 syntheticmessiah
Colourbox: 113 (Klein) Heiko Kueverling;
144 Deyan Georgiev; 150 Henk Vrieselaar;
152 Jolanta Mayerberg; 156 (klein) #76273;
161 ElenaBukharina; 163 Valery Voennyy;
170 rumxde; 175 #229511
Pixelio: 128
Wikimedia Commons: 117 (groß) stefan.
lefnaer/s-a-4.0; 126 (groß)
Cicliliato/s-a-4.0; 129 (groß)
Kor!An/s-a-3.0; 139 (klein) Morodo/s-a-3.0

Pilze

Adobe Stock: 191 M.Dörr & M.Frommherz;
192–194 adam88xx; 195, 214 tomasztc;
196 Tarabalu; 197 Janusz Lipinski; 199 Alonbou;
200 LFRabanedo; 201, 205 PIXATERRA;
203 Ivan; 204 dabjola; 206, 210–212 Henri
Koskinen; 207 arcadi62; 208 Stefan;
209 Megaloman1ac; 213 Robert Schneider;
215 mirkograul; 216 Oksana; 217 Ionescu
Bogdan; 218 tynza; 219 nickkurzenko
Colourbox: 188 Eugene; 198 blinow61;
202 lovleah

Tiere

220 Tatiana; 222 Lubos Chlubny; 224 nelik;
225 Alexander Pokusay; 226 Paul;
227 Maciej Olszewski; 228 WildMedia;
229 Joachim Neumann; 230 Randy van
Domselaar; 231 zorandin75; 232 artepicturas;
233 Szymon Bartosz; 234 Anneke;
235 Nick.Vorobey.com; 236 davehuntphoto;
237 sdbower; 238 Maciej Olszewski;
239 JRG; 240, 259 PIXATERRA; 241 dule964;
243, 326 iredding01; 244 creativenature.nl;
245 Gucio_55; 246 kwasny221; 247 faraonvideo;
248 creativenature.nl; 249 Xaver
Klaussner; 250 Sebastian; 251 Wiltrud;
252 Wolfgang Kruck; 253 Klaus Brauner;
254 MEISTERFOTO; 255 benno Hansen;
256, 448, 453, 456, 471f, 477f. bennytrapp;
257 hakoar; 258 Erni; 260 Stephan
Morris; 261 wyssu; 262 Randy van Domselaar;
263, 295, 327, 378, 409 imageBROKER;
264 Vlad Sokolovsky; 265 Erni;
266 rudiernst; 268 Netzer Johannes;
269 Lillian; 270 DirkR; 271 greenpapillon;
274 hfox; 275 Brigitte; 276 Marco;
277 Victor Tyahkht; 278, 301, 344 VOLODYMYR
KUCHERENKO; 279 Maciej
Olszewski; 280 fotoparus; 281 pohotomic;
282 sun time; 283 ivan kmit; 285, 379, 420,
429 mirkograul; 286 cegli; 287 Photohunter;
288 andreanita; 289 hakoar;
290 Alexander Limbach; 291 sebgsh;
292 Wim; 293 JAH; 294 allevad; 296 Ralf
Gosch; 297, 311, 400 Steve Byland;
298 max5128; 299, 317 tobyphotos;
300 phototrip.cz; 302 hokoar; 303 mark
medcalf; 304, 309 Rosemarie Kappler;
305 wouter Midavaine; 306 fotoparus;
307, 347 karl.mock; 308 Floriana;
310 Montipaiton; 312 georgigerdzhikov;
313 S.R.Miller; 314 Zigmunds Kluss;
315 J.C.Salvadores; 316 kwasny221;

511

Bildnachweis

318 Bernd Wolter; 319 Birute Vijeikiene; 320 S.R.Miller; 321 Bernd Wolter; 322 Sandra Standbridge; 323 J.C. Salvadores; 324 Golubev Dmitrii; 325 Wildlife World; 328 Morten; 329 Marie Capitain; 330 Travel Stock; 331 Aleksey-Karpenko; 332 Erni; 333 Golubev Dmitrii; 334 kwasny221; 335 bereta; 336 Rosemarie Kappler; 337 Gwenaelle.R; 338 Artur Bociarski; 339 J.C.Salvadores; 340 Artur Bociarski; 341 fsanchex; 342 petrsalinger; 343 Sandra Standbridge; 345 YK; 346 Xaver Klaussner; 348, 360, 474 ondrejprosicky; 349 Alexey; 350 Asakoulis; 351 scabrn; 352 Marc Toutain; 353 sylviaadams; 354 Marc Toutain; 355 udoflath1969; 356 Michal; 357 Dawn; 358 Wim; 359 Naturecolors; 361 Raúl Esparza; 362 emranashraf; 363 Jesus; 364 Hedrus; 365 fsanchex; 366 Karl-Heinz Schmidt; 367 J.C.Salvadores; 368 dule964; 369 Jesus; 370 Romuald; 371 Jan; 372 Natureimmortal; 373 mrallen; 377 MARIMA; 380 fotoparus; 381 thomasmales; 382 Makuba; 383 tikhomirovsergey; 386 Klaus Brauner; 387, 408, 416, 421 Henrik Larsson; 388 Olena Ilienko; 389 Alonso Aguilar; 390 fine pics; 391 Julitt; 392 alex_1910; 394 Christian Birzer; 395 hfox; 396 David Martin; 397 Iliuta; 398 romantiche; 401 Maciej Olszewski; 402 Starover Sibiriak; 407 Andrzej Tokarski; 410 johnp33; 411 fabiosa_93; 412 evbrbe; 414 bigemrg; 415 gumbi22; 417 radub 85; 418 SERGIOS; 419 YuanGeng; 422 errni; 423 Adrien Roussel; 424 Cristian Gusa; 425 AGA; 426 willypd; 427 jbosvert; 428 clementblin; 430 Hamik; 431 Ezume Images; 434 Andy Ilmenberger; 435 DiKiYaqua; 436 Raphael Haentjens; 437 Jean-Paul Bounine; 438 erik_karits; 439 Christian Buch; 440 mite; 441 Torsten Dietrich; 442 Marek R. Swadzba; 443 LFRabanedo; 444 Sonia; 445 Hermann; 446 pit24; 449 adrian; 450 SerPhoto; 452 romy mitterlechner; 454 Karl Allen Lugmayer; 457 berner51; 458 creative-nature.nl; 459 Emmanuelle KUHN; 461 Peter Eggermann; 462 butterfly-photos.org; 464 Jörg Teckentrupp; 465 Juhku; 469 Kikkerdirk; 473 valentina-moraru; 475, 495 Schmutzler-Schaub; 476 Wolfgang; 479 hfox; 482 volker-ladwig; 482 BSANI; 483 photographyfirm; 484 blende11.photo; 485 fcmovie; 486 blende11.photo; 488 amphibol; 489 AB Photography; 492 Gerhard; 493 alriester; 494 Reikara; 497 Andy Nowack

Shutterstock: 242 Dmitry Fch

Eddi Igel: 267

Colourbox: 272 #222587; 278 #222587; 374 #5940; 384 #1295; 385; #1914; 393 GabiWolf; 403 #262475; 404 aaron007; 405 #30318; 406 David R Murphy; 432 AS; 451 Sergii; 455 #231524; 460 #260882; 466 NERYX; 467 ChrWeiss; 468 Frank Joe; 470 JuNiArt; 480 pixelnest; 496 Andrei Shupilo

iStock: 274 Andrew_Howe; 413 imv; 490 scubaluna; 491 Ian Redding

Pixelio: 399 Angelika Wolter; 487 Sternschnuppe1

Das kannst du tun/Worterklärungen
Adobe Stock: 499 Matauw; 500 mitifoto; 501 etfoto; 502 Nelly Kovalchuk; 503 Rawpixel.com; 504 Eric Isseleé